AF286135

Lena A. Richter

Selbstregulation für Kinder

Emotionen verstehen, Wut meistern und stark werden

ISBN: 978-3-8192-0730-3
Gestaltung & Satz: Lena A. Richter
Verlag: BoD · Books on Demand GmbH, Überseering 33, 22297 Hamburg,
bod@bod.de
Druck: Libri Plureos GmbH, Friedensallee 273, 22763 Hamburg
Dieses Buch wurde mit größter Sorgfalt erstellt. Dennoch überneh-
men Autor und Verlag keine Haftung für etwaige Fehler oder mögliche
Folgen aus der Anwendung der im Buch vorgestellten Inhalte.

Inhalt

Kapitel 1: Einleitung 6

Warum Selbstregulation so wichtig ist. 7

1.1   Wie dieses Buch aufgebaut ist 10

1.2   Was Eltern, Erzieher und Lehrer erwarten können 11

1.3   So nutzen Sie die Strategien optimal 13

Kapitel 2: Grundlagen – Emotionale Intelligenz und Selbstregulation. 14

2.1   Was ist Selbstregulation und warum ist sie so essenziell? 15

2.2   Die Entwicklung der Emotionskontrolle bei Kindern 22

2.3   Die Rolle von Eltern und Erziehern in der Entwicklung der Selbstregulation 28

2.4   Selbstregulation fördern ohne Bestrafung 35

Kapitel 3: Spielerische Strategien zur Selbstregulation 42

3.1 Teil 1: Emotionen verstehen und ausdrücken 43

3.2   Teil 2: Impulse kontrollieren & Frustration managen 49

3.3   Teil 3: Medienzeit meistern 55

3.4   Teil 4: Schul- und Lernstress bewältigen 65

3.5   Teil 5: Soziale Kompetenzen & Selbstständigkeit stärken 77

Kapitel 4 – Elternratgeber: Medienzeit bei Kindern verstehen und gesund regulieren 90

3.1   Warum Kinder Medien so faszinierend finden – und warum es ihnen so schwerfällt, selbst aufzuhören 91

Kapitel 5 – Elternratgeber: Praktische Tipps für den Alltag. 99

5.1 Wie Selbstregulation im Alltag wirklich funktioniert – ein revolutionärer Leitfaden für Eltern 100

Kapitel 6: Hochsensible Kinder verstehen und unterstützen
....108

6.1 Was bedeutet Hochsensibilität?................................113

6.2 Ist mein Kind hochsensibel? Ein kleiner Leitfaden zur
Erkennung 114

6.3 Hochsensibilität im Alltag – typische Herausforderungen
und Lösungen 116

6. 4 Praktische Strategien für Eltern – Hochsensible Kinder
stärken statt überfordern 118

6.5 Hochsensible Kinder als Geschenk sehen – Stärken
erkennen und fördern Hochsensibilität ist keine Schwäche,
sondern eine besondere Gabe 120

6.6 Warum reagieren hochsensible Kinder so intensiv?
(Neurobiologie & Forschung) 121

6.7 Versteckte Herausforderungen hochsensibler Kinder 123

**Kapitel 7: Reizüberflutung, Schlafprobleme und Ängste bei
Kindern – Altersgerechte Strategien für Eltern**.................125

7.1 Was ist Reizüberflutung? (Neurobiologische Grundlagen)
....129

7.2 Altersabhängige Reaktionen auf Reizüberflutung &
Schlafprobleme 130

7.3 Wie Schlafprobleme mit Reizüberflutung zusammenhängen
....131

7.4 Ängste bei Kindern 132

7.5 Praktische Übungen zur Selbstregulation......................133

**Kapitel 8: ADHS und Selbstregulation – Strategien für Kinder
und Eltern ADHS (Aufmerksamkeitsdefizit-
Hyperaktivitätsstörung)** 135

8.1 ADHS und Selbstregulation – Warum ist das Thema so wichtig? 141

8.2 Typische Herausforderungen in der Selbstregulation bei ADHS-Kindern 142

3. Probleme mit Aufmerksamkeit und Konzentration 143

8.3 Unterstützung durch Eltern – Was hilft im Alltag wirklich? 145

Kapitel 9 – Reflexionsseiten und Bonusmaterial 147

9.1 Der Gefühlstracker für Kinder 156

9.2 Der Medienzeit-Planer für gesunde Bildschirmzeiten 159

Kapitel 10: Selbstregulation und Resilienz – Wie Kinder innere Stärke entwickeln 161

10.1 Warum Selbstregulation und Resilienz zusammengehören 162

10.2 Die fünf Säulen der Resilienz bei Kindern 163

10.3 Eltern als Fels in der Brandung – Warum du genug bist und wie du innere Stärke bewahrst 166

10.4 Resilienz fördern – Wie Eltern ihre Kinder stark machen, ohne Druck aufzubauen 171

Literatur 178

Kapitel 1: Einleitung

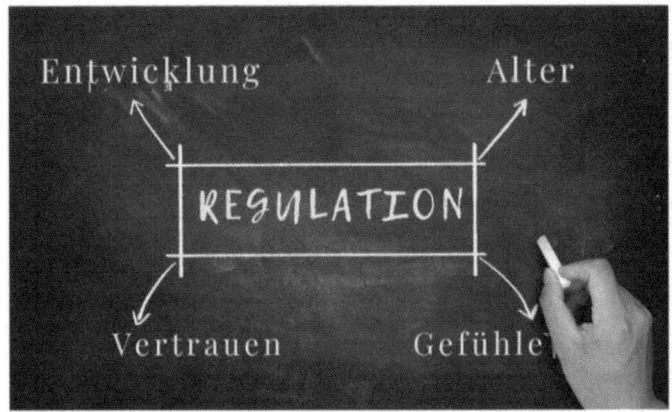

Warum Selbstregulation so wichtig ist.

Die Fähigkeit, sich selbst zu steuern, entscheidet über den Erfolg im Leben

Ein Kind, das sich in schwierigen Situationen selbst beruhigen kann, hat einen entscheidenden Vorteil – nicht nur in der Kindheit, sondern ein Leben lang. Stell dir zwei Kinder in der Schule vor:

◆ Kind A bekommt eine schwierige Matheaufgabe, verzweifelt sofort und gibt auf. Es knallt das Heft zu, ruft „Ich kann das nicht!" und weigert sich, weiterzumachen.

◆ Kind B hat dieselbe schwierige Aufgabe, fühlt sich kurz frustriert, aber atmet tief durch, versucht eine andere Lösungsmethode und bleibt dran.

Welches Kind wird langfristig erfolgreicher sein?

Die Antwort liegt in der Fähigkeit zur Selbstregulation.

Selbstregulation bedeutet, mit Frustration umzugehen, Impulse zu kontrollieren und in herausfordernden Momenten einen klaren Kopf zu bewahren. Sie ist der Schlüssel zu sozialer Kompetenz, Lernfähigkeit und psychischer Widerstandskraft.

Doch während viele Eltern großen Wert darauflegen, dass ihre Kinder gut lesen, schreiben oder rechnen können, wird die Selbstregulation oft übersehen – obwohl sie **die Basis für all diese Fähigkeiten bildet.**

Ein Kind, das sich selbst regulieren kann, kann sich besser konzentrieren, mit Stress umgehen und zwischen kurzfristigem Verlangen und langfristigen Zielen abwägen.

Selbstregulation ist eine der wichtigsten

Zukunfts-kompetenzen.

Die Auswirkungen von Selbstregulation auf das Leben eines Kindes

Studien zeigen, dass Kinder mit guter Selbstregulation:

✓ **bessere Schulnoten haben, weil sie sich länger konzentrieren können,**

✓ **sich leichter in soziale Gruppen integrieren, weil sie Impulse kontrollieren,**

✓ **seltener Wutanfälle oder emotionale Ausbrüche haben,**

✓ **Frustration und Enttäuschung besser aushalten,**

✓ **größere Selbstständigkeit entwickeln, weil sie ihre Emotionen bewusst steuern können.**

Auf der anderen Seite haben Kinder mit schwacher Selbstregulation oft Schwierigkeiten in vielen Lebensbereichen:

✗ In der Schule: Sie lassen sich schneller ablenken, geben schneller auf und geraten öfter in Konflikte mit Lehrern oder Mitschülern.

✗ Im Sozialverhalten: Sie reagieren impulsiv, was zu Problemen mit anderen Kindern führen kann.

✗ Zu Hause: Sie geraten schneller in Wutanfälle, wenn etwas nicht nach ihrem Willen läuft.

Doch das Gute ist: **Selbstregulation ist erlernbar.**

Sie entwickelt sich nicht von allein – sie muss, wie ein Muskel trainiert werden. Genau dabei hilft dieses Buch

1.1 Wie dieses Buch aufgebaut ist

Dieses Buch liefert **spielerische Strategien, mit denen Kinder gezielt lernen, ihre Emotionen und Impulse zu steuern.**

Teil 1: Emotionen erkennen und ausdrücken

Teil 2: Impulse kontrollieren und Frustration aushalten

Teil 3: Medienzeit meistern

Teil 4: Schul- und Lernstress bewältigen

Teil 5: Soziale Kompetenzen und Selbstständigkeit fördern

Teil 6: Hochsensibilität bei Kindern

Teil 7: ADHS bei Kindern

Teil 8: Reizüberflutung, Ängste und Wut

Teil 9: Reflexionsseiten und Bonusmaterial

Die Übungen sind **praxisnah, spielerisch und sofort anwendbar.** Sie helfen Eltern und Erziehern, Kindern einfache Techniken zur Emotionsregulation beizubringen – ohne Druck, ohne Strafen und ohne komplizierte Fachbegriffe.

1.2 Was Eltern, Erzieher und Lehrer erwarten können

 **Eltern: Mehr Ruhe und weniger Machtkämpfe im Alltag**

Viele Eltern kämpfen täglich mit Trotzanfällen, Wut, Geschrei oder ständiger Ablenkung. Besonders stressig ist es, wenn ein Kind impulsiv reagiert, sich nicht beruhigen kann oder bei der kleinsten Frustration aufgibt.

Dieses Buch hilft Eltern dabei, ihrem Kind spielerisch beizubringen, sich selbst zu beruhigen.

Das bedeutet für den Alltag:

✓ Weniger Wutanfälle – weil das Kind lernt, seine Emotionen zu benennen und zu steuern.

✓ Mehr Geduld beim Warten und Zuhören – weil es Impulskontrolle übt.

✓ Bessere Konfliktlösung – weil es Strategien bekommt, um ruhig zu bleiben.

✓ Weniger Geschrei und Drama – weil es versteht, dass Gefühle nicht immer sofortige Handlungen erfordern.

Eltern werden merken: **Wenn ein Kind sich selbst regulieren kann, wird das Familienleben harmonischer.**

Erzieher: Weniger Konflikte, mehr soziale Kompetenz

In Kitas oder Vorschulen kommt es täglich zu Momenten, in denen Kinder Impulse schlecht kontrollieren können:

- Ein Kind nimmt einem anderen ein Spielzeug weg.

- Es gibt Streit, weil eines zuerst drankommen will.

- Kinder sind überreizt, unruhig oder hören nicht zu.

Mit den Strategien aus diesem Buch können Erzieher Kindern beibringen, **ohne Konflikte zu kooperieren, Rücksicht zu nehmen und sich besser zu konzentrieren.**

Praktische Vorteile für Erzieher:

✔ **Kinder lernen, sich selbst zu beruhigen – weniger Streit und Unterbrechungen.**

✔ **Ruhigere Gruppensituationen – weil Kinder Impulskontrolle üben.**

✔ **Mehr soziales Miteinander – weil Kinder Gefühle besser verstehen.**

1.3 So nutzen Sie die Strategien optimal

✓ Wählen Sie die passenden Übungen aus: Nicht jede Strategie ist für jedes Kind geeignet. Probieren Sie verschiedene Ansätze aus und schauen Sie, was am besten funktioniert.

✓ Regelmäßigkeit ist der Schlüssel: Selbstregulation ist wie ein Muskel – sie wird stärker, wenn sie regelmäßig trainiert wird. Am besten täglich eine kleine Übung einbauen.

✓ Kein Druck, sondern Spaß: Diese Strategien sind keine Erziehungsmethoden, sondern spielerische Werkzeuge, die Kindern helfen, ihre Emotionen besser zu steuern.

✓ Machen Sie es gemeinsam: Selbstregulation ist kein „Lernfach", sondern eine Fähigkeit, die sich am besten im gemeinsamen Alltag entwickelt. Eltern und Erzieher können als Vorbild mitmachen.

✓ Jedes Kind hat sein eigenes Tempo: Manche Kinder brauchen länger, um neue Strategien zu verinnerlichen – das ist völlig normal. Wichtig ist Geduld und kontinuierliches Üben.

Kapitel 2: Grundlagen – Emotionale Intelligenz und Selbstregulation.

2.1 Was ist Selbstregulation und warum ist sie so essenziell?

Selbstregulation – die unterschätzte Superkraft

Stell dir vor, du stehst mit deinem Kind an der Supermarktkasse. Direkt neben euch liegt ein Regal voller bunter Schokoriegel. Dein Kind sieht sie, seine Augen leuchten auf, und dann kommt die erwartete Frage: "*Mama, darf ich einen Schokoriegel haben?*"

Du sagst nein. Vielleicht, weil ihr heute schon genug Süßes hattet oder weil du konsequent bleiben willst.

Plötzlich merkst du, wie dein Kind unruhig wird. Es schaut die Schokolade an, dann dich, dann wieder die Schokolade. Es beginnt, zu quengeln, die Stimme wird lauter. Vielleicht endet das Ganze in einem Wutanfall.

Jetzt stell dir eine andere Szene vor. Dein Kind sieht die Schokolade, fragt nach – und als du nein sagst, atmet es tief durch, schaut noch einmal kurz hin und sagt dann: "*Okay, dann vielleicht morgen.*"

Was unterscheidet diese beiden Situationen?

Selbstregulation!

Selbstregulation ist die Fähigkeit, **eigene Impulse zu steuern, Emotionen zu kontrollieren, Bedürfnisse aufzuschieben und in schwierigen Momenten besonnen zu reagieren**.

Sie ist eine der wichtigsten Fähigkeiten, die ein Mensch in der Kindheit entwickeln kann – und sie beeinflusst lebenslang, wie wir mit Herausforderungen, Enttäuschungen und sozialen Situationen umgehen.

Kinder mit guter Selbstregulation können sich selbst beruhigen, Frustration aushalten und auf ihre Impulse Einfluss nehmen. Sie lassen sich nicht so leicht ablenken, finden leichter Lösungen für Probleme und sind oft sozial kompetenter. Kinder mit schwacher Selbstregulation hingegen reagieren impulsiver, haben häufig Wutausbrüche oder geraten in Konflikte mit anderen.

Selbstregulation ist kein angeborenes Talent – sie muss erlernt werden

Viele Erwachsene erwarten von Kindern, dass sie sich „einfach benehmen", ohne zu verstehen, dass Selbstregulation ein komplexer Lernprozess ist.

Niemand wird mit der Fähigkeit geboren, **Emotionen bewusst zu steuern, zu warten oder sich selbst zu beruhigen** – all das muss Schritt für Schritt erlernt werden.

Selbstregulation ist vergleichbar mit einem Muskel**: Je mehr wir sie trainieren, desto stärker wird sie.**

Doch genau wie beim Sport ist es normal, dass Kinder nicht von heute auf morgen perfekt „funktionieren". Sie brauchen Übung, Unterstützung und altersgerechte Strategien, um ihre Impulse immer besser zu kontrollieren.

Warum ist Selbstregulation für Kinder so wichtig?

1. Sie verbessert den Umgang mit Emotionen.

Kinder mit einer starken Selbstregulation können Gefühle wie Wut, Angst oder Frustration besser einordnen und darauf reagieren. Anstatt bei jeder Kleinigkeit zu explodieren, finden sie gesunde Wege, mit ihren Emotionen umzugehen.

2. Sie stärkt die Konzentrationsfähigkeit.

Ein Kind, das sich selbst regulieren kann, schafft es besser, sich zu fokussieren. Es kann Störungen ausblenden und sich länger auf eine Aufgabe konzentrieren – eine entscheidende Fähigkeit für das Lernen in der Schule.

3. Sie fördert soziale Kompetenz.

Selbstregulierte Kinder haben seltener Konflikte, weil sie weniger impulsiv handeln. Sie können warten, zuhören, sich in andere hineinversetzen und Konflikte ohne Aggression lösen.

4. Sie hilft bei der Problemlösung.

Statt sofort aufzugeben oder in Panik zu geraten, wenn etwas nicht auf Anhieb klappt, bleiben selbstregulierte Kinder ruhiger und finden kreative Lösungen.

5. Sie trägt zu langfristigem Erfolg bei.

Studien zeigen, dass Kinder mit guter Selbstregulation später **erfolgreicher in Schule und Beruf** sind. Sie können sich besser organisieren, übernehmen Verantwortung und bleiben auch in stressigen Situationen ruhig.

Selbstregulation vs. Gehorsam: Ein wichtiger Unterschied

Es ist wichtig, zwischen echter Selbstregulation und bloßem Gehorsam zu unterscheiden. Ein Kind, das sich „gut benimmt", weil es Angst vor Strafe hat oder um Lob zu bekommen, hat nicht unbedingt gelernt, seine Emotionen zu steuern.

Selbstregulation bedeutet nicht, dass Kinder sich immer „brav" verhalten – sondern, dass **sie bewusst entscheiden können, wie sie reagieren möchten.** Es geht nicht darum, Gefühle zu unterdrücken, sondern sie so zu steuern, dass sie nicht unkontrolliert das Verhalten bestimmen.

Ein Kind mit echter Selbstregulation sagt nicht „Ich darf nicht schreien, sonst bekomme ich Ärger", sondern: *"Ich bin gerade wütend, aber ich kann mir Zeit nehmen, um mich zu beruhigen."*

Der Zusammenhang zwischen Selbstregulation und Resilienz

Resilienz – also die Fähigkeit, mit Herausforderungen und Rückschlägen umzugehen – hängt eng mit Selbstregulation zusammen. Kinder, die ihre Emotionen steuern können, lassen sich von Problemen weniger schnell entmutigen.

Ein Kind mit guter Selbstregulation kann Misserfolge besser verkraften:

💡 Wenn ein Bauklotzturm einstürzt, probiert es einfach eine andere Bauweise.

💡 Wenn es beim Spiel verliert, kann es den Frust besser verarbeiten und hat trotzdem Spaß.

💡 Wenn es in der Schule kritisiert wird, lässt es sich nicht sofort entmutigen.

Resiliente Kinder haben gelernt: **„Ich kann meine Emotionen und Reaktionen beeinflussen, selbst wenn ich eine schwierige Situation nicht direkt ändern kann."**

Diese Fähigkeit ist nicht nur für die Kindheit wichtig – sie ist entscheidend für das ganze Leben. Erwachsene, die in ihrer Kindheit gelernt haben, mit Stress und Enttäuschungen umzugehen, sind meist zufriedener, ausgeglichener und psychisch belastbarer.

Selbstregulation im Alltag: Erste Schritte für Eltern und Erzieher

Viele Eltern fragen sich: *„Wie kann ich mein Kind dabei unterstützen, sich besser zu regulieren?"* **Hier einige praxisnahe Tipps**, die sich leicht in den Alltag integrieren lassen:

Gefühle benennen und akzeptieren: Anstatt ein wütendes Kind zu ermahnen, sollte man ihm helfen, seine Emotionen zu verstehen:

• „Ich sehe, dass du gerade richtig wütend bist. Was genau ärgert dich?"

• „Es ist okay, traurig zu sein. Möchtest du darüber sprechen?"

✓ **Selbstregulation vorleben:** Kinder lernen am besten durch Beobachtung. Erwachsene sollten selbst bewusst mit Frust umgehen, um ein positives Vorbild zu sein.

✓ **Impulse spielerisch steuern:** Spielerische Übungen (wie die später vorgestellten 120 Strategien) helfen Kindern, ihren „Selbstregulations-Muskel" zu trainieren.

✓ **Frust aushalten üben:** Nicht immer sofort nachgeben, wenn das Kind ungeduldig wird. Kurze Wartezeiten bewusst in den Alltag einbauen (z. B. erst nach dem Essen den Nachtisch servieren).

✓ **Problemlösestrategien vermitteln:** Statt zu sagen *„Hör auf zu weinen!"* lieber fragen: *„Was könnte dir helfen, dich wieder besser zu fühlen?"*

✓ **Selbstregulation zu lernen, braucht Zeit – aber es lohnt sich.**

2.2 Die Entwicklung der Emotionskontrolle bei Kindern

Warum Kinder Zeit brauchen, um Selbstregulation zu lernen

Selbstregulation entwickelt sich nicht von heute auf morgen. Es ist ein Prozess, der Jahre dauert und in dem die Kinder auf die Unterstützung ihrer Umgebung angewiesen sind.

Viele Eltern kennen den Moment, in dem ihr Kleinkind aus heiterem Himmel wütend zu Boden sinkt, weil es nicht sofort das bekommt, was es möchte. Das ist kein Zeichen von „schlechtem Benehmen", sondern ein ganz normaler Entwicklungsschritt: Das kindliche Gehirn ist in diesem Alter einfach noch nicht in der Lage, Impulse und starke Emotionen vollständig zu kontrollieren.

Selbstregulation ist eine **neurobiologische Fähigkeit**, die sich erst nach und nach entwickelt. Das bedeutet: Ein Kleinkind KANN sich nicht „zusammenreißen", selbst wenn es wollte – weil die dazu nötigen Gehirnbereiche noch nicht ausgereift sind. Diese Fähigkeit wächst mit den Jahren und wird durch Erfahrungen, gezieltes Training und die Unterstützung von Erwachsenen gestärkt. Doch jedes Kind entwickelt sich in seinem eigenen Tempo – und das ist völlig normal.

Die Phasen der Emotionskontrolle: Wie Selbstregulation wächst

Die Fähigkeit, Emotionen zu steuern, entwickelt sich in mehreren Stufen. Sie hängt eng mit der Reifung des **präfrontalen Kortex** (dem Steuerungszentrum im Gehirn) zusammen.

Hier sind die wichtigsten Entwicklungsphasen:

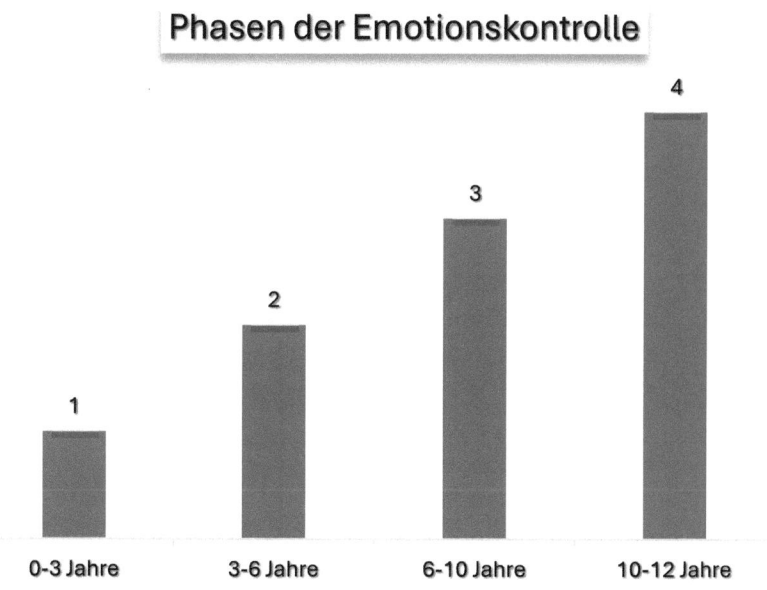

Phasen der Emotionskontrolle

0-3 Jahre   3-6 Jahre   6-10 Jahre   10-12 Jahre

Alter	Merkmale	Wie können Eltern helfen?
0–3 Jahre	Säuglinge und Kleinkinder reagieren auf Reize sofort – sie haben noch keine Kontrolle über ihre Emotionen. ♦ Sie drücken Gefühle unmittelbar durch Weinen, Schreien oder Lachen aus. ♦ Selbstberuhigung ist kaum möglich – sie sind auf enge Bezugspersonen angewiesen, die ihnen helfen, sich zu regulieren.	✓ **Emotionen spiegeln:** „Du bist gerade traurig, weil du hingefallen bist. Ich bin hier." ✓ **Beruhigende Routinen schaffen:** Feste Schlafenszeiten, Kuschelzeiten oder ruhige Übergänge helfen Kindern, sich sicher zu fühlen. ✓ **Körperliche Nähe geben:** Ein Kind beruhigt sich am besten durch liebevolle Berührung und sanftes Sprechen.
3–6 Jahre	♦ Kinder beginnen langsam, Frustration auszuhalten – aber nur für kurze Zeit. ♦ Sie verstehen Regeln, können sie aber oft noch nicht einhalten, wenn starke Emotionen ins Spiel kommen. ♦ Wutanfälle sind in dieser Phase normal, Kinder können Gefühle noch nicht richtig einordnen. ♦ Sie beginnen, erste Selbstberuhigungsstrategien zu entwickeln.	✓ **Geduldig begleiten:** Wutausbrüche sind keine Manipulation, sondern Zeichen von Überforderung. ✓ **Gefühle benennen:** „Ich sehe, dass du frustriert bist, weil du nicht als Erster dran bist." ✓ **Impulse steuern üben:** Spiele wie „Stopp-Tanz" helfen Kindern, Impulskontrolle zu trainieren.

6–10 Jahre	◆ Kinder können Emotionen benennen und erste Bewältigungsstrategien anwenden. ◆ Sie lernen, Frust zu tolerieren und Lösungen für Probleme zu suchen. ◆ Sie erkennen, dass Emotionen nicht sofortige Handlungen erfordern. ◆ Ihre Konzentrationsfähigkeit verbessert sich – können Ablenkungen besser ignorieren.	✓ **Positive Verstärkung nutzen:** *„Du hast toll gewartet, bis du dran warst!"* ✓ **Strategien zur Selbstberuhigung anbieten:** Musik hören, tiefes Atmen oder ein „Wut-Kissen" helfen, Emotionen zu regulieren. ✓ **Soziale Kompetenz stärken:** Konflikte gemeinsam reflektieren: *„Wie hättest du das anders lösen können?"*
10–12 Jahre	◆ Kinder entwickeln ein tieferes Verständnis für ihre eigenen Gefühle und die anderer. ◆ Sie erkennen den Zusammenhang zwischen Gedanken, Gefühlen und Verhalten. ◆ Sie können sich in andere hineinversetzen und empathischer reagieren. ◆ Ihre Impulskontrolle verbessert sich, aber Stress kann noch zu emotionalen Ausbrüchen führen.	✓ **Gemeinsam reflektieren:** *„Wie hast du dich bei der Mathearbeit gefühlt? Was hat dir geholfen?"* ✓ **Lösungsorientiertes Denken fördern:** *„Wenn du das nächste Mal genervt bist, was könntest du tun, um ruhig zu bleiben?"* ✓ **Eigenverantwortung stärken:** Kindern zutrauen, ihre eigenen Entscheidungen zu treffen und aus Fehlern zu lernen.

Die Rolle der Gehirnentwicklung bei der Selbstregulation

Selbstregulation hängt eng mit der Reifung bestimmter Gehirnbereiche zusammen:

→ **Der präfrontale Kortex (Steuerungszentrale):**
- Entwickelt sich bis ins junge Erwachsenenalter weiter.
- Steuert Impulskontrolle, Planung und Problemlösung.
- Bei Kindern noch unausgereift, was impulsives Verhalten erklärt.

→ **Das limbische System (Emotionen & Reaktionen):**
- Ist bei Kindern sehr aktiv – erklärt emotionale Überreaktionen.
- Reagiert oft schneller als der präfrontale Kortex – daher explodieren Kinder schneller.

→ **Die Amygdala (Alarmzentrale für Stress & Angst):**
- Ist bei Kindern sehr empfindlich – sie reagieren oft stark auf kleine Frustrationen.
- Durch Übung (und elterliche Unterstützung) lernt sie, nicht sofort in Alarmbereitschaft zu gehen.

Diese Prozesse zeigen, warum es **keinen Sinn macht, von Kindern dieselbe emotionale Kontrolle wie von Erwachsenen zu erwarten.** Ihr Gehirn ist schlichtweg noch nicht so weit – und genau deshalb brauchen sie einfühlsame Begleitung und spielerisches Training.

Selbstregulation ist ein Marathon, kein Sprint

✕ **Falscher Ansatz:** „Warum kannst du dich nicht einfach zusammenreißen?"

✓ **Besserer Ansatz:** „Ich helfe dir, eine Strategie zu finden, die dir in diesem Moment hilft."

Selbstregulation ist ein Entwicklungsprozess, der durch **liebevolle Begleitung, gezieltes Training und viele kleine Erfolgserlebnisse** gefördert wird.

Eltern und Erzieher sind die wichtigsten Begleiter auf dieser Reise. Sie helfen Kindern, ihre Emotionen zu verstehen, Frustration zu tolerieren und bewusste Entscheidungen zu treffen.

Mit Geduld, Verständnis und den richtigen Methoden können Kinder lernen, sich selbst zu regulieren – und diese Fähigkeit wird sie ein Leben lang begleiten.

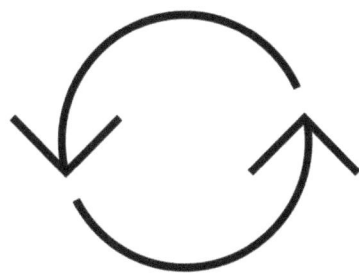

2.3 Die Rolle von Eltern und Erziehern in der Entwicklung der Selbstregulation

Warum Erwachsene die wichtigste Einflussquelle für Selbstregulation sind

Selbstregulation ist keine Fähigkeit, die Kinder von allein entwickeln – sie brauchen dafür Vorbilder, Anleitung und unterstützende Strukturen. Eltern, Erzieher und Lehrer sind die wichtigsten Begleiter auf diesem Weg.

Jedes Mal, wenn ein Kind sich aufregt, frustriert ist oder mit Wut kämpft, beobachtet es unbewusst, **wie die Erwachsenen um es herum mit Stress und Emotionen umgehen**.

- Reagiert ein Erwachsener mit Ruhe und Verständnis, lernt das Kind: *„Gefühle sind okay, ich kann sie kontrollieren."*
- Reagiert ein Erwachsener mit Ungeduld oder Wut, lernt das Kind: *„Wenn ich frustriert bin, muss ich auch laut werden."*

Das bedeutet: **Kinder lernen nicht nur durch Erklärungen – sie lernen durch Nachahmung.** Erwachsene sind nicht nur Erzieher, sondern auch emotionale Vorbilder.

Wie Eltern und Erzieher Selbstregulation gezielt fördern können

Hier sind fünf zentrale Prinzipien, mit denen Erwachsene Kinder aktiv unterstützen können:

1.   Gefühle benennen und akzeptieren

Viele Kinder haben Schwierigkeiten, ihre eigenen Emotionen zu verstehen – vor allem in stressigen Momenten. Ein Kind, das weint oder wütend ist, weiß oft selbst nicht, warum es sich so fühlt. Deshalb ist es wichtig, dass Erwachsene ihnen helfen, ihre Gefühle in Worte zu fassen.

☑ **Gute Reaktion:**

• *„Ich sehe, dass du wütend bist, weil du das Spiel verloren hast. Das ist völlig okay.“*

• *„Es macht dich traurig, dass deine Freundin heute nicht spielen kann.“*

✕ **Ungünstige Reaktion:**

• *„Hör auf zu weinen, das ist doch kein Grund!“*

• *„Sei doch nicht so empfindlich.“* Warum ist das so wichtig?

- Warum? Weil Kinder erst lernen müssen, **Emotionen nicht als Feind zu sehen, sondern als wichtige Signale ihres Körpers.**

Wenn ein Kind versteht, dass Wut, Trauer und Frustration normale Gefühle sind, fällt es ihm leichter, damit umzugehen – anstatt sich dagegen zu wehren oder sie zu unterdrücken.

2.   Selbstregulation vorleben

Kinder lernen durch Beobachtung. Wenn sie sehen, wie Eltern und Erzieher ihre eigenen Emotionen regulieren, übernehmen sie diese Strategien unbewusst.

Vorbild sein heißt:

- Geduldig bleiben, wenn etwas nicht klappt.
- Ruhig durchatmen, anstatt direkt laut zu werden.
- Lösungen suchen, statt impulsiv zu reagieren.

Beispiel: Statt beim Autofahren genervt zu schimpfen *(„Warum fährt der so langsam?!")*, kann man sagen:

- *„Ich merke, dass ich gerade ungeduldig werde. Ich atme tief durch, dann geht's mir besser."*

So lernen Kinder automatisch, dass es Möglichkeiten gibt, mit Frust umzugehen – ohne auszurasten.

3.   Kinder in Problemlösungen einbinden

Viele Eltern und Erzieher neigen dazu, Probleme für das Kind zu lösen, um Frust zu vermeiden. Doch dadurch nimmt man dem Kind die Chance, eigene Strategien zu entwickeln.

☑ **Besser:**

- *„Was könnte dir helfen, dich zu beruhigen?"*
- *„Hast du eine Idee, wie wir das Problem lösen könnten?"*

Wenn Kinder aktiv in Lösungen eingebunden werden, **stärkt das ihre Selbstwirksamkeit**. Sie lernen: *„Ich kann etwas tun, um mit meinen Gefühlen umzugehen."*

Beispiel: Ein Kind ist frustriert, weil ein Turm aus Bauklötzen immer wieder einstürzt.

✕ **Fehler:** Den Turm für das Kind bauen.

☑ **Besser:** Fragen: „Was könnten wir anders machen, damit er stabiler wird?"

So lernt das Kind, mit Frustration umzugehen, ohne aufzugeben.

4.   Routinen schaffen – Sicherheit geben

Kinder brauchen klare Strukturen und Vorhersehbarkeit. Routinen helfen, Emotionen zu regulieren, weil sie Sicherheit vermitteln.

Hilfreiche Routinen:

✓ Feste Übergänge – z. B. eine ruhige Abendroutine vor dem Schlafengehen.

✓ Klare Medienzeiten – Kinder profitieren von festen Bildschirmregeln.

✓ Pausen einbauen – Zeit für freies Spielen ist essenziell für Selbstregulation.

Beispiel für eine Morgenroutine:
• Aufstehen

- Tiefes Ein- und Ausatmen (2 Minuten)
- Frühstück
- Kurze Bewegungseinheit (5 Minuten)

Wenn Kinder wissen, **was sie erwartet**, können sie sich besser auf Veränderungen einstellen.

5. Geduldig sein – Selbstregulation braucht Zeit

✗ Ein häufiger Fehler:

Erwachsene erwarten, dass Kinder Emotionen wie ein Erwachsener kontrollieren können.

Doch: **Selbstregulation ist ein Prozess, der Jahre dauert!**

Kinder brauchen Übung und viele kleine Erfolgserlebnisse, um zu lernen, ihre Impulse zu steuern.

Wenn ein Kind immer wieder impulsiv reagiert, ist das **kein Zeichen von Ungehorsam**, sondern ein Hinweis darauf, dass sein Gehirn diese Fähigkeit noch nicht vollständig entwickelt hat.

Was hilft?

✓ Wiederholungen: Je öfter Kinder mit Heraus-forderungen konfrontiert werden, desto besser lernen sie, mit ihnen umzugehen.

✓ Kleine Schritte: Kinder nicht mit Erwartungen überfordern – Fortschritte feiern!

✓ Verständnis zeigen: Statt „Warum kannst du das nicht endlich lernen?" besser sagen: *„Das war schwer für dich. Aber schau mal, du hast es heute schon etwas besser geschafft als gestern.*

Fehlannahmen über Selbstregulation – und was stattdessen gilt

Fehlannahme	Realität
„Mein Kind sollte einfach ruhig bleiben, wenn ich es ihm sage."	Emotionale Kontrolle muss trainiert werden – Kinder können sie nicht von heute auf morgen perfekt beherrschen.
„Wenn mein Kind impulsiv ist, bin ich als Elternteil schuld."	Selbstregulation ist eine neurologische Entwicklung. Eltern und Erzieher können sie fördern, aber nicht erzwingen.
„Strenge Regeln bringen einem Kind Selbstkontrolle bei."	Harte Strafen bewirken oft das Gegenteil – sie erzeugen Angst statt echter Selbststeuerung.

Fazit: Selbstregulation fördern heißt, Kinder auf das Leben vorzubereiten

Eltern und Erzieher haben die Aufgabe, Kinder nicht nur zu erziehen, sondern sie zu begleiten. Sie sind emotionale Wegweiser, die Kindern helfen, den eigenen Gefühlen nicht hilflos ausgeliefert zu sein.

Was bleibt wichtig?
• Kinder lernen am besten durch Vorbilder.
• Emotionen sind normal – es geht darum, damit umzugehen.
• Routinen und kleine Erfolge helfen, Selbstregulation zu stärken.
• Geduld und Wiederholung sind entscheidend – jedes Kind hat sein eigenes Tempo.

Wenn Kinder verstehen, dass sie **Möglichkeiten haben, ihre Emotionen zu steuern, statt von ihnen kontrolliert zu werden**, dann haben sie eine der wertvollsten Fähigkeiten fürs Leben gelernt.

2.4 Selbstregulation fördern ohne Be-strafung

Warum Strafen <u>nicht</u> zur Selbstregulation beitragen

Viele Eltern und Erzieher greifen in stressigen Momenten auf Strafen zurück, um unerwünschtes Verhalten zu korrigieren. Das ist verständlich – schließlich wollen Erwachsene, dass Kinder lernen, sich angemessen zu verhalten.

Doch **Strafen führen nicht dazu, dass Kinder Selbstregulation entwickeln**. Im Gegenteil: Sie erzeugen Angst, Wut oder Scham und verhindern, dass das Kind aktiv darüber nachdenkt, wie es sich selbst beruhigen kann.

- Ein Kind, das bestraft wird, lernt nicht, seine Emotionen zu steuern – es lernt nur, sie zu unterdrücken.

Statt zu verstehen, warum es sich anders verhalten sollte, konzentriert es sich darauf, **nicht erwischt zu werden oder wie es die Strafe vermeiden kann.** Das hat langfristig negative Folgen:

Negative Auswirkungen von Bestrafung	Alternative Ansätze
Unterdrücken ihre Emotionen	Klare Regeln mit logischen Konsequenzen
Entwickeln keine gesunden Strategien für Frustration	Emotionscoaching
Reagieren eher mit Trotz oder Lügen	Selbstregulationsstrategien spielerisch vermitteln

35

Der Unterschied zwischen Strafen und logischen Konsequenzen

Strafen sind **willkürliche Maßnahmen**, die dem Kind das Gefühl geben, „bestraft" zu werden – ohne dass es den Zusammenhang mit seinem Verhalten versteht.

● Strafe:

• „Du hast dein Zimmer nicht aufgeräumt? Dann gibt es heute Abend kein Fernsehen!"

• „Du hast deinen Bruder geschubst? Dann gehst du sofort ins Zimmer!"

Das Kind versteht in diesem Moment nur: *„Ich werde für etwas bestraft."* Aber es überlegt nicht aktiv, **was es hätte anders machen können.**

☑ **Logische Konsequenz:**

• „Wenn dein Zimmer unordentlich ist, dann kannst du heute nicht mit deinen Spielsachen spielen, weil wir nichts mehr finden."

• „Wenn du deinen Bruder schlägst, dann muss ich euch trennen, weil wir niemanden verletzen."

Hier erkennt das Kind: *„Mein Verhalten hat direkte Auswirkungen – und ich habe die Möglichkeit, es zu verändern."*

Logische Konsequenzen sind nicht dazu da, das Kind zu bestrafen – sie sind eine Brücke, um Selbstregulation zu fördern.

Wie man Selbstregulation stärkt, ohne zu bestrafen

Hier sind **praxisnahe Alternativen zu Strafen**, die Kindern helfen, langfristig ihre Emotionen und Impulse besser zu kontrollieren:

- **Emotionscoaching: Kinder durch starke Gefühle begleiten**

Kinder reagieren oft impulsiv, weil sie nicht wissen, wie sie mit starken Emotionen umgehen sollen.

Anstatt: *„Hör auf zu schreien, sonst gehst du ins Zimmer!"*
- ✓ **Besser:** *„Ich sehe, dass du gerade richtig wütend bist. Was können wir tun, damit du dich beruhigst?"*

Warum ist das wichtig?
• Kinder lernen, dass ihre Gefühle nicht „falsch" sind, sondern dass es Wege gibt, damit umzugehen.
• Sie verstehen, dass Emotionen gesteuert werden können, anstatt sie unkontrolliert auszuleben.

Was kann helfen?

• **Beruhigungsstrategien anbieten:** „Lass uns fünfmal tief einatmen."
• **Empathie zeigen:** „Ich verstehe, dass das gerade schwer für dich ist."
• **Selbstregulation gemeinsam trainieren:** „Was hilft dir am besten, wenn du dich ärgerst?"

Klare, vorhersehbare Regeln aufstellen

Kinder fühlen sich sicherer, wenn sie wissen, was von ihnen erwartet wird.

- **✗ Falsch:** Regeln spontan erfinden („Jetzt reicht's! Ab sofort gibt es keine Süßigkeiten mehr!“).
- **✓ Besser:** Klare Regeln im Voraus festlegen („Wir essen Süßigkeiten nur nach dem Mittagessen.“).

Wichtig:

• Regeln vorher mit dem Kind besprechen.

• Erklären, warum die Regel existiert.

• Konsequent bleiben – aber mit Empathie.

Beispiel:

Statt zu sagen: *„Jetzt hast du dein Spielzeug nicht weggeräumt, also nehme ich es dir weg!“*

Besser: *„Wir haben die Regel, dass das Spielzeug abends aufgeräumt wird. Wenn du es nicht aufräumst, kann es sein, dass du es morgen nicht findest.“*

Das Kind erkennt den **direkten Zusammenhang** zwischen seinem Verhalten und den Konsequenzen.

2.   Kinder in Lösungen einbeziehen

Kinder lernen am besten, wenn sie selbst über Lösungen nachdenken dürfen.

- ✗ **Falsch:** „Jetzt hast du wieder deine Hausaufgaben vergessen – das gibt Ärger!"
- ✓ **Besser:** „Was könnten wir tun, damit du morgen an deine Hausaufgaben denkst?"

Warum hilft das?

• Das Kind übernimmt Verantwortung für sein Verhalten.

• Es lernt, Probleme zu lösen, statt nur auf Strafen zu reagieren. • Selbstregulation wird aktiv trainiert.

Beispiel:

Statt: *„Wenn du dich weiter so verhältst, gehen wir nach Hause!"*

Besser: *„Du bist gerade aufgeregt. Was könnte dir helfen, dich zu beruhigen?"*

So lernt das Kind, selbst Lösungen zu finden – eine **Schlüsselkompetenz für das ganze Leben.**

3. Positive Verstärkung statt Angst vor Strafe

Kinder lernen durch Erfolgserlebnisse, nicht durch Bestrafung.

✗ Falsch:

• „Wenn du das nicht schaffst, bist du einfach nicht gut genug." • „Immer machst du das falsch!"

✓ Besser:

• „Ich habe gesehen, dass du dich gerade richtig angestrengt hast!"

• „Toll, wie du deine Wut heute ohne Schreien reguliert hast!"

Was hilft?

• **Lob für Fortschritte** (statt nur Perfektion zu erwarten).

• **Erfolge sichtbar machen** (z. B. mit einem „Ich habe mich gut reguliert"-Stickerplan).

• **Gemeinsam reflektieren** („Was war heute gut? Wo hast du dich besonders konzentriert?").

Positive Verstärkung schafft eine Wachstumsmentalität: Kinder erkennen, dass sie sich weiterentwickeln können, anstatt sich als „gut" oder „schlecht" zu fühlen.

Fazit: Selbstregulation braucht Verständnis, nicht Strafen

✓ Kinder müssen lernen, mit Emotionen umzugehen – sie brauchen keine Bestrafung dafür.

✓ Strafen führen zu Angst und Trotz, nicht zu echter Selbstkontrolle.

✓ Logische Konsequenzen und Emotionscoaching sind die besseren Alternativen.

✓ Klare Regeln, Geduld und positives Feedback helfen, Selbstregulation spielerisch zu fördern.

Der Schlüssel zu langfristiger Selbstkontrolle liegt **nicht in Strenge oder Strafen, sondern in Verständnis, Empathie und kontinuierlichem Üben.**

Kapitel 3: Spielerische Strategien zur Selbstregulation

3.1 Teil 1: Emotionen verstehen und ausdrücken

Jede Übung ist nach einem festen Schema aufgebaut:

• Name der Übung

• Ziel der Übung (z. B. Wut abbauen, Konzentration steigern)

• Altersempfehlung

• Dauer

• Materialien (falls nötig)

• Schritt-für-Schritt-Anleitung

Übung 1: Die Gefühlsampel

Ziel	Alter	Dauer	Material
Kinder lernen, ihre Gefühle bewusst wahrzunehmen und zu benennen.	Ab 3 Jahren	10 Minuten	Farbkarten (rot, gelb, grün)

Anleitung:

1. Erkläre dem Kind, dass unsere Gefühle wie eine Ampel sind:

• Rot = Wut oder starke Frustration

• Gelb = Unruhe oder Unsicherheit

• Grün = Entspannung und Wohlbefinden

2. Zeige dem Kind die drei Farben und bitte es, eine Farbe auszuwählen, die seinen Gefühlszustand beschreibt.

3. Besprecht gemeinsam, warum es sich so fühlt, und was helfen könnte, von „Rot" auf „Gelb" oder „Grün" zu wechseln.

4. Wiederholt die Übung regelmäßig, damit das Kind ein Gefühl für seine Emotionen entwickelt.

Übung 2: Gefühle-Pantomime

Ziel	Alter	Dauer	Material
Kinder lernen, Gefühle durch Körpersprache auszudrücken.	Ab 5 Jahren	Ca. 10 Minuten	Keine

Anleitung:

1. Schreibe verschiedene Emotionen (z. B. Freude, Wut, Angst) auf kleine Zettel.

2. Ein Kind zieht einen Zettel und stellt die Emotion pantomimisch dar.

3. Die anderen Kinder (oder Eltern) raten, um welche Emotion es sich handelt.

4. Anschließend könnt ihr gemeinsam besprechen: „Wann hast du dich das letzte Mal so gefühlt?"

Übung 3: Das Wutmonster malen

Ziel	Alter	Dauer	Material
Kinder lernen, ihre Wut durch kreatives Malen auszudrücken.	Ab 4 Jahren	Ca. 10 Minuten	Papier, Stifte

Anleitung:

1. Erkläre dem Kind, dass Wut ein inneres Monster ist, das manchmal sehr laut wird.

2. Bitte das Kind, sein „Wutmonster" zu malen – es kann so groß, wild oder bunt sein, wie es möchte.

3. Fragt danach: „Was braucht dein Monster, damit es sich beruhigt?" – Das Kind kann es mit Symbolen ergänzen (z. B. eine Decke, Essen, einen Freund).

4. Zum Schluss kann das Kind überlegen, wie es das Monster zähmen kann – z. B. durch tiefe Atemzüge oder eine Umarmung.

Übung 4: Das Spiegel-Spiel

Ziel	Alter	Dauer	Material
Kinder lernen, Gesichtsausdrücke und Körpersprache als Ausdruck von Gefühlen zu verstehen.	Ab 3 Jahren	Ca. 10 Minuten	Spiegel oder zwei Personen gegenüberstellen

Anleitung:

1. Ein Kind oder Erwachsener macht eine bestimmte Mimik (z.B. lächeln, finster blicken, überrascht tun).
2. Der andere muss die Mimik genau nachmachen.
3. Danach kann das Kind raten, welche Emotion dargestellt wurde.
4. Besprecht gemeinsam Situationen, in denen man sich so fühlen könnte.

Übung 5: Der Gefühlsball

Ziel	Alter	Dauer	Material
Kinder lernen, ihre Emotionen durch Bewegung auszudrücken und zu benennen.	Ab 4 Jahren	Ca. 10 Minuten	Ein weicher Ball

Anleitung:

1. Setzt euch in einen Kreis (Eltern & Kind oder mehrere Kinder).

2. Der erste Spieler hält den Ball und nennt eine Emotion, die er gerade fühlt oder schon einmal stark gefühlt hat (z. B. „Ich war heute frustriert, weil...").

3. Danach wirft er den Ball weiter, und der nächste Spieler nennt ebenfalls eine Emotion.

4. Nach einigen Runden kann man fragen: „Was hilft dir, wenn du dich so fühlst?" – So lernen Kinder, über Gefühle zu sprechen und Bewältigungsstrategien zu entwickeln.

Übung 6: Die Zauberkiste der Gefühle

Ziel	Alter	Dauer	Material
Kinder erkennen, dass verschiedene Dinge Emotionen auslösen können.	Ab 3 Jahren	Ca. 10 Minuten	Eine Kiste mit Gegenständen, die verschiedene Emotionen hervorrufen können

Anleitung:

1. Die Kiste wird nacheinander geöffnet, und das Kind zieht einen Gegenstand heraus.

2. Anschließend beschreibt es, welche Gefühle der Gegenstand in ihm auslöst.

3. Gemeinsam wird besprochen, warum manche Dinge beruhigen und andere aufregen.

Übung 7: Die Farbgefühle

Ziel	Alter	Dauer	Material
Kinder lernen, Farben mit ihren Emotionen zu verbinden.	Ab 4 Jahren	10 Minuten	Buntstifte, Papier

Anleitung: 1. Erkläre, dass jede Emotion mit einer Farbe verbunden werden kann (z. B. Rot für Wut, Blau für Traurigkeit, Gelb für Freude).

2. Das Kind malt ein Bild, bei dem es für seine aktuelle Stimmung passende Farben nutzt. 3. Danach kann das Bild besprochen werden: Welche Farben dominieren? Welche Emotionen stecken dahinter?

3.2 Teil 2: Impulse kontrollieren & Frustration managen

Übung 1: Die Stopp-Ampel

Ziel	Alter	Dauer	Material
Kinder lernen, in stressigen Situationen eine bewusste Pause einzulegen.	Ab 5 Jahren	5 Minuten	Rote, gelbe und grüne Karten

Anleitung:

1. Wenn das Kind merkt, dass es wütend wird, zeigt es eine rote Karte („Ich brauche eine Pause").

2. Danach nimmt es eine gelbe Karte („Ich atme tief durch und überlege, was mir hilft").

3. Sobald es sich beruhigt hat, kommt die grüne Karte („Jetzt kann ich ruhig weitermachen").

4. Wiederholt dies im Alltag, bis das Kind von selbst „Stopp" sagen kann, bevor es impulsiv handelt.

Übung 2: Die Wut-Wolke wegpusten

Ziel	Alter	Dauer	Material
Kinder lernen, Wut aktiv loszulassen, anstatt sie in sich zu behalten.	Ab 3 Jahren	5 Minuten	Keine

Anleitung:

1. Das Kind stellt sich vor, dass seine Wut eine dunkle Wolke ist.

2. Es nimmt einen tiefen Atemzug und pustet die Wolke in die Luft – je stärker die Wut, desto kräftiger muss gepustet werden.

3. Wiederholt dies ein paar Mal, bis das Kind sich beruhigt fühlt.

Übung 3: Der Frustrationslauf

Ziel	Alter	Dauer	Material
Kinder lernen, mit Misserfolgen umzugehen und nicht aufzugeben.	Ab 6 Jahren	10 Minuten	Ein kleiner Hindernisparcours (z. B. Kissen, Stühle)

Anleitung:

1. Das Kind bekommt die Aufgabe, den Parcours zu durchlaufen.

2. Falls es stolpert oder scheitert, wird ermutigt: „Das war schwer, aber du kannst es noch mal probieren!"

3. Ziel ist es, dem Kind zu zeigen, dass Fehler okay sind und Frustration überwunden werden kann.

Übung 4. Der Raketenstart

Ziel	Alter	Dauer	Material
Kindern beibringen, dass starke Gefühle Kraft haben – und dass sie lernen können, sie positiv zu steuern.	Ab 4 Jahren	5 Minuten	Ein Bild einer Rakete

Anleitung:

1. Stelle dir mit deinem Kind vor, dass Wut oder Frust eine Rakete mit viel Energie ist.

2. Wenn dein Kind wütend ist, zählt ihr gemeinsam den Countdown „5, 4, 3, 2, 1..." aber anstatt in die Luft zu gehen,

soll dein Kind eine bewusste Bewegung machen (z. B. hüpfen, rennen, tief atmen).

4. So lernt es, Energie in eine gezielte, gesunde Handlung umzulenken. (Visuelle Idee: Ein Raketenplakat, wo Kinder mit einem Pfeil zeigen können, wo ihr Energie-Level gerade ist.)

Übung 5. Der geheime Zaubersatz

Ziel	Alter	Dauer	Material
Kindern eine persönliche Affirmation beibringen, um Frust besser zu verarbeiten	Ab 3 Jahren	5 Minuten	Keines

Anleitung:

1. Dein Kind überlegt sich einen persönlichen Zaubersatz für schwierige Situationen (z. B. „Ich kann das Schaffen!", „Ich darf Fehler machen!").

2. Sobald es merkt, dass Wut oder Frust aufkommt, sagt es den Satz leise oder laut.

3. Der Satz wird wie ein „magischer Schutzschild" verwendet, um sich selbst zu beruhigen.

Übung 6. Der langsame Roboter

Ziel	Alter	Dauer	Mate-rial
Impulse bewusst verlangsamen und kontrollieren	Ab 4 Jahren	5 Minuten	Keines

Anleitung:

1. Dein Kind darf erst „wie ein wilder Roboter" zappeln.

2. Dann kommt der „langsam-Knopf" – plötzlich muss es jede Bewegung ganz langsam machen.

3. Ihr variiert das Spiel: Mal schnell, mal langsam – und übt so bewusste Kontrolle über Bewegungen.

(Visuelle Idee: Eine Fernbedienung basteln, mit der das Kind seine „Geschwindigkeit" steuern kann.)

Übung 7. Die Spiegel-Strategie

Ziel	Alter	Dauer	Mate-rial
Bewusst Emotionen wahrnehmen, bevor man impulsiv handelt	Ab 5 Jahren	5 Minuten	kleiner Spiegel

Anleitung:

1. Dein Kind schaut sich im Spiegel an, wenn es wütend oder frustriert ist.

2. Es beschreibt: „Meine Augen sind wütend, meine Schultern sind angespannt..."

3. Dann soll es eine entspannte Haltung einnehmen und schauen, wie sich sein Gesicht verändert.

Übung 8. Der Knautschball-Test

Ziel	Alter	Dauer	Material
Wut oder Frust in Bewegung umwandeln	Ab 4 Jahren	5 Minuten	Ein Knautschball oder Anti-Stress-Ball

Anleitung:

1. Dein Kind hält einen kleinen Ball in der Hand.

2. Jedes Mal, wenn es frustriert ist, drückt es den Ball so fest es kann – dann lässt es los und spürt die Entspannung.

3. Nach ein paar Mal merkt es, dass es selbst Kontrolle über seine Anspannung hat.

3.3 Teil 3: Medienzeit meistern

Übung 1: Der Medien-Timer

Ziel	Alter	Dauer	Material
Kinder lernen, ihre Bildschirmzeit bewusst zu begrenzen.	Ab 5 Jahren	5 Minuten	Eine Sanduhr oder ein Timer

Anleitung:

1. Jedes Mal, wenn das Kind beginnt, ein digitales Gerät zu nutzen, wird der Timer gestellt (z.B. 20 Minuten).

2. Wenn die Zeit abgelaufen ist, gibt es ein Signal.

3. Gemeinsam wird entschieden: Brauche ich noch eine Pause oder kann ich etwas anderes spielen?

Übung 2: Das Medien-Bingo

Ziel	Alter	Dauer	Material
Kinder entdecken spielerisch Alternativen zur Bildschirmzeit.	Ab 4 Jahren	Je nach Aktivität	Eine Bingo-Karte mit alternativen Aktivitäten („1 Stunde im Garten spielen", „Ein Bild malen", „Ein Puzzle machen" etc.)

Anleitung:

1. Jedes Mal, wenn das Kind eine Aktivität auf der Bingokarte geschafft hat, darf es dieses Feld ausmalen.

2. Wenn es eine Reihe voll hat, bekommt es eine kleine Belohnung (z.B. ein besonderes Vorlesebuch am Abend).

Übung 3: Die Bildschirm-Sonnenstunden

Ziel	Alter	Dauer	Material
Kinder lernen, dass Medienkonsum in Balance mit anderen Aktivitäten stehen sollte.	Ab 5 Jahren	Täglich	Ein Blatt Papier, Stifte

Anleitung:

1. Zeichne gemeinsam mit dem Kind eine Sonne mit mehreren Strahlen.

2. Jeder Strahl steht für eine Aktivität, die das Kind tagsüber machen kann (z. B. draußen spielen, lesen, kreativ sein, Sport, Zeit mit Familie verbringen).

3. Jedes Mal, wenn eine Aktivität erledigt wurde, wird der Strahl bunt ausgemalt.

4. Erst wenn die Strahlen gefüllt sind, gibt es „Sonnen-Medienzeit". So lernt das Kind spielerisch, dass Bildschirmzeit eine von vielen Aktivitäten ist.

Übung 4: Die Medien-Diskussion

Ziel	Alter	Dauer	Material
Kinder reflektieren über Medieninhalte und deren Wirkung.	Ab 6 Jahren	15 Minuten	keine

Anleitung:

1. Nach dem Schauen eines Films oder dem Spielen eines Games besprecht gemeinsam:

• „Welche Gefühle hattest du dabei?"

• „Gab es eine Figur, die dir gefallen hat? Warum?"

• „Was hättest du an der Geschichte verändert?"

2. Diese Reflexion hilft Kindern, Medieninhalte bewusster zu konsumieren.

Übung 5: Der Digital-Detektiv

Ziel	Alter	Dauer	Material
Kinder erkennen, wann sie sich durch Medien überfordert oder müde fühlen.	Ab 7 Jahren	10 Minuten	Papier & Stift

Anleitung:

1. Erstelle eine Tabelle mit drei Spalten:

• „Wie fühle ich mich vor dem Medienkonsum?"

• „Wie fühle ich mich währenddessen?"

• „Wie fühle ich mich danach?"

2. Das Kind trägt nach jeder Bildschirmzeit seine Gefühle ein (z. B. entspannt, müde, aufgeregt).

3. Nach ein paar Tagen reflektiert ihr gemeinsam: Wann tun Medien gut, wann nicht?

Übung 6: Die Bildschirmfreie Schatzsuche

Ziel	Alter	Dauer	Material
Kinder entdecken, dass es spannende Alternativen zur Bildschirmzeit gibt.	Ab 4 Jahren	30 Minuten	Zettel mit Hinweisen, kleine Überraschung

Anleitung:

1. Bereite eine kleine Schatzsuche mit Hinweisen vor (z. B. „Suche dort, wo du deine Schuhe ausziehst.").

2. Das Kind folgt den Hinweisen und löst kleine Aufgaben (z. B. ein Rätsel oder ein Sprungspiel).

3. Am Ende wartet eine Überraschung (z. B. ein neues Buch, ein kleines Spiel).

4. Diese Übung zeigt, dass es auch offline viel Spannendes zu entdecken gibt.

Übung 7: Der „Was kann ich stattdessen tun?"-Würfel

Ziel	Alter	Dauer	Material
Kinder lernen, sich aktiv für eine Alternative zur Medienzeit zu entscheiden.	Ab 5 Jahren	Variabel	Ein selbstgebastelter Würfel mit Aktivitäten

Anleitung:

1. Gestaltet einen Würfel mit sechs Alternativen zur Bildschirmzeit (z.B. „Baue etwas aus LEGO", „Male ein Bild",

„Geh nach draußen", „Lies eine Geschichte", „Erfinde eine eigene Geschichte", „Mach eine Yoga-Pause").

2. Immer wenn das Kind Fernsehen oder Tablet spielen möchte, würfelt es.

3. Die gewürfelte Aktivität wird dann stattdessen gemacht.

Übung 8: Das Medien-Tausch-Experiment

Ziel	Alter	Dauer	Material
Kinder reflektieren bewusst ihren Medienkonsum.	Ab 6 Jahren	1 Woche	Ein Poster oder eine Liste

Anleitung:

1. Gemeinsam überlegt ihr, wie viel Medienzeit das Kind normalerweise pro Tag nutzt.

2. Für eine Woche wird jede Medienstunde durch eine andere Aktivität ersetzt (z.B. 30 Minuten Bildschirm = 30 Minuten Basteln, Vorlesen oder Spielen).

3. Am Ende der Woche reflektiert ihr gemeinsam: „Hat dir etwas besonders gefallen?

4. Diese Übung zeigt Kindern, dass es viele Alternativen gibt.

Übung 9: Der „Ich bestimme meine Medienzeit"-Plan

Ziel	Alter	Dauer	Material
Kinder lernen, Medien bewusst in ihren Alltag zu integrieren.	Ab 7 Jahren	Lang- fristig	Ein Wochen- plan

Anleitung:

1. Erstelle mit dem Kind einen Wochenplan für die Medienzeit.

2. Jedes Mal, wenn das Kind eine festgelegte Bildschirmzeit einhält, darf es einen Stern oder Sticker einkleben.

3. Ziel ist es, Verantwortung für den eigenen Medienkonsum zu übernehmen.

Übung 10: Die „Gönn dir eine Pause"-Karte

Ziel	Alter	Dauer	Material
Kinder merken, wann sie eine Medienpause brauchen.	Ab 6 Jahren	vari- able	Selbst gestal- tete Karten

Anleitung:

1. Gestaltet eine „Gönn dir eine Pause"-Karte.

2. Wenn das Kind sich müde oder überreizt fühlt, kann es diese Karte hochhalten und eine Pause einlegen (z. B. eine Runde rausgehen, sich strecken oder entspannen).

3. So lernt es, frühzeitig zu erkennen, wann es genug Medienzeit hatte.

Übung 11: Der „Medienfreie Sonntag"

Ziel	Alter	Dauer	Material
Ein bewusster Tag ohne Bildschirme schafft neue Routinen.	Ab 4 Jahren	1 Tag	Keine

Anleitung:

1. Ein Tag pro Woche wird als „medienfrei" festgelegt.

2. Gemeinsam überlegt ihr, was man stattdessen machen kann (z. B. einen Ausflug, ein kreatives Projekt, gemeinsames Kochen).

3. Am Abend wird reflektiert: „Was war das Schönste am Tag ohne Bildschirm?"

Übung 12: Das „Vergleiche nicht"-Spiel

Ziel	Alter	Dauer	Material
Kinder lernen, sich nicht von sozialen Medien beeinflussen zu lassen.	Ab 8 Jahren	15 Minuten	Keine

Anleitung:

1. Besprecht: „Warum sehen die Bilder auf Instagram oder TikTok oft perfekt aus?"

2. Schaut euch harmlose Vorher-Nachher-Fotos an (z. B. ein geschmückter Tisch vs. der Chaos-Tisch danach).

3. Diskutiert: „Glaubst du, jeder zeigt in sozialen Medien die ganze Wahrheit?"

4. Ziel ist es, Kindern zu zeigen, dass soziale Medien nicht die Realität widerspiegeln.

Übung 13: Der „Sternstunden-Baum"

Ziel	Alter	Dauer	Material
Bewusst Zeit mit der Familie genießen statt Medien zu konsumieren.	Ab 4 Jahren	Lang-fristig	Ein Baum aus Papier mit leeren Blättern

Anleitung:

1. Jedes Mal, wenn ihr eine schöne medienfreie Zeit verbringt, schreibt ihr das Erlebnis auf ein Blatt und klebt es an den „Sternstunden-Baum".

2. Nach ein paar Wochen reflektiert ihr: „Wie viele tolle Momente hatten wir ohne Medien?"

Übung 14: Der „Schnell-Check" für Medienzeit

Ziel	Alter	Dauer	Material
Kinder hinterfragen aktiv ihren Medienkonsum.	Ab 7 Jahren	5 Minuten	keine

Anleitung:

1. Vor der Nutzung eines Bildschirms stellt das Kind sich selbst drei Fragen:
• „Warum möchte ich das gerade machen?"
• „Wie werde ich mich danach fühlen?"
• „Ist das wirklich die beste Nutzung meiner Zeit?"

2. Wenn es alle Fragen bewusst beantwortet hat, darf es Medien nutzen.

Übung 15: Die „Lass uns zusammen lernen"-Challenge

Ziel	Alter	Dauer	Material
Medienzeit für produktive Zwecke nutzen.	Ab 7 Jahren	Variabel	YouTube oder eine Lern-App

Anleitung:

1. Statt nur Serien oder Games zu konsumieren, sucht ihr gemeinsam spannende Lerninhalte (z. B. ein Video über Tiere, ein Bastel-Tutorial).

2. Danach wird das Gelernte in der Realität ausprobiert.

3. So wird Medienkonsum in einen sinnvollen Kontext gestellt.

Übung 16: Die „Wie war deine Bildschirmzeit?"-Skala

Ziel	Alter	Dauer	Material
Kinder reflektieren ihre Emotionen nach der Mediennutzung.	Ab 6 Jahren	5 Minuten	Eine Skala von 1 bis 10

Anleitung:

1. Nach einer Bildschirmzeit fragt ihr:

• „Wie fühlst du dich jetzt auf einer Skala von 1 bis 10?"

• „Bist du entspannt oder müde?"

2. Ziel ist es, bewusst wahrzunehmen, dass exzessiver Medienkonsum oft nicht zu mehr Zufriedenheit führt.

3.4 Teil 4: Schul- und Lernstress be- wältigen

Übung 1: Die 5-Minuten-Morgenroutine

Ziel	Alter	Dauer	Material
Kinder starten gelassener in den Schultag.	Ab 6 Jahren	5 Minuten	keine

Anleitung:

1. Jeden Morgen beginnt das Kind mit drei festen Ritualen:

• Eine Minute tief durchatmen

• Einen positiven Satz über sich selbst sagen („Heute kann ich alles schaffen!")

• Einen kleinen Körperbewegungsimpuls (z. B. sich strecken, hüpfen)

2. Diese kleine Routine hilft, morgens fokussierter und entspannter zu sein.

Übung 2: Der Hausaufgaben-Sprint

Ziel	Alter	Dauer	Material
Hausaufgaben in kürzeren, konzentrierten Phasen erledigen.	Ab 7 Jahren	Ca. 25 Minuten	Timer

Anleitung:

1. Stelle den Timer auf 15 Minuten – in dieser Zeit arbeitet das Kind konzentriert.

2. Danach gibt es eine 5-minütige Bewegungspause (springen, dehnen).

3. Anschließend wiederholt sich das Schema, bis die Aufgaben erledigt sind.

Übung 3: Der „Was war heute gut?"-Zettel

Ziel	Alter	Dauer	Material
Kinder fokussieren sich auf positive Schulmomente.	Ab 6 Jahren	5 Minuten täglich	Notizzettel

Anleitung:

1. Jeden Abend schreibt das Kind einen positiven Moment des Schultags auf.

2. Nach einer Woche kann es die gesammelten Zettel durchlesen und sehen, dass Schule nicht nur stressig ist, sondern auch schöne Erlebnisse bietet.

Übung 4: Die „Wie fühlt sich Schule heute an?"-Wetterkarte

Ziel	Alter	Dauer	Material
Kinder lernen, ihre Schulerlebnisse bewusst wahrzunehmen und zu verbalisieren.	Ab 6 Jahren	5 Minuten	Eine gezeichnete Wetterkarte (Sonne, Wolken, Regen, Sturm)

Anleitung:

1. Jeden Tag nach der Schule zeigt das Kind mit einem Finger auf das Wetter, das seine Schulstimmung beschreibt (z. B. „Sonne = guter Tag", „Regen = schwieriger Tag").

2. Danach wird besprochen: „Warum hast du dich so gefühlt?" „Was könnte helfen, damit du dich morgen besser fühlst?"

3. So lernen Kinder, über ihre Erlebnisse zu reflektieren, anstatt sie zu unterdrücken.

Übung 5: Der „Lern-Snack"-Timer

Ziel	Alter	Dauer	Material
Kinder lernen, ihre Konzentration durch Lern- und Pausenzeiten zu verbessern.	Ab 7 Jahren	30 Minuten	Timer

Anleitung:

1. Stelle den Timer auf 15 Minuten konzentriertes Lernen.

2. Danach gibt es eine „Lern-Snack-Pause" von 5 Minuten (z.B. Bewegung, ein gesundes Getränk).

3. Anschließend folgen weitere 10 Minuten Lernzeit.

4. So lernen Kinder, in kurzen Intervallen konzentriert zu arbeiten, anstatt sich durch lange Sitzzeiten zu überfordern.

Übung 6: Das Anti-Prüfungsangst-Armband

Ziel	Alter	Dauer	Material
Kinder reduzieren ihre Angst vor Tests durch eine mentale Ankertechnik.	Ab 8 Jahren	Täglich vor einem Test	Ein Gummiband oder ein kleines Stoffarmband

Anleitung:

1. Das Kind trägt das Armband einige Tage vor einem Test.

2. Immer wenn es sich sicher und ruhig fühlt (z. B. beim Lernen, beim Erzählen über ein Erfolgserlebnis), fasst es das Armband an.

3. Am Testtag kann das Kind das Armband in der Hand halten, um das Gefühl von Sicherheit zu aktivieren.

Übung 7: Die „Ich schaffe das"-Karten

Ziel	Alter	Dauer	Material
Kinder lernen, sich selbst positiv zu motivieren.	Ab 7 Jahren	10 Minuten	Kleine Kärtchen mit positiven Sätzen

Anleitung:

1. Schreibe gemeinsam mit dem Kind motivierende Sätze auf Karten, z. B.:

• „Ich bin klug und schaffe das!"

• „Ich muss nicht alles perfekt können, ich gebe einfach mein Bestes."

2. Vor der Schule oder vor einem Test zieht das Kind eine Karte und liest sie sich laut vor.

3. Diese Übung stärkt das Selbstvertrauen und reduziert Stress.

Übung 8: „Starke Gedanken"-Tagebuch

Ziel	Alter	Dauer	Material
Kinder lernen, sich auf ihre Erfolge statt auf ihre Ängste zu fokusieren.	Ab 8 Jahren	5 Minuten	Notizbuch und Stift

Anleitung:

1. Jeden Abend schreibt das Kind eine Sache auf, die es an diesem Schultag gut gemacht hat.

2. Einmal pro Woche schaut es sich die gesammelten Erfolge an.

3. Diese Übung hilft, den Fokus auf Fortschritte zu lenken, statt nur auf Fehler.

Übung 9: Die „Ruhe-Punkte"-Strategie für Hausaufgaben

Ziel	Alter	Dauer	Material
Kinder bleiben konzentriert, mit gezielten Mini-Pausen.	Ab 6 Jahren	20–30 Minuten	Klebepunkte oder Murmeln

Anleitung:

1. Lege 3–5 Punkte neben das Schulbuch.

2. Wenn das Kind merkt, dass es unruhig wird, nimmt es einen Punkt und macht eine „Ruhe-Pause" (z. B. tief durchatmen, kurz die Augen schließen).

3. Danach geht es mit neuer Energie weiter.

4. So lernen Kinder, ihre Konzentration selbst zu steuern, ohne komplett abzuschweifen.

Übung 10: Die „Hausaufgaben-Hotel"-Methode

Ziel	Alter	Dauer	Material
Kinder lernen, ihre Aufgaben in überschaubare Abschnitte einzuteilen	Ab 7 Jahren	30–45 Minuten	Karteikarten oder eine Liste

Anleitung:

1. Schreibe alle Hausaufgaben auf kleine Kärtchen (z. B. „Matheaufgabe 1", „Lesetext").

2. Das Kind legt jede erledigte Aufgabe ins „Hausaufgaben-Hotel" (eine Box oder eine Mappe).

3. Sobald alle Kärtchen im „Hotel" sind, ist der Schultag geschafft.

4. Diese visuelle Methode macht Lernfortschritte sichtbar.

Übung 11: Die „Schulrucksack-Checkliste"

Ziel	Alter	Dauer	Material
Kinder lernen, sich selbstständig auf die Schule vorzubereiten.	Ab 6 Jahren	5 Minuten	Eine laminierte Checkliste mit abwischbarem Stift

Anleitung:

1. Schreibe eine Checkliste für die Schultasche (z. B. „Hefte drin?", „Trinkflasche gefüllt?").

2. Das Kind überprüft vor dem Schlafengehen, ob alles bereit ist.

3. Wer eine Woche lang nichts vergisst, bekommt eine kleine Belohnung.

Übung 12: Die „Rote-Flagge"-Technik gegen Überforderung

Ziel	Alter	Dauer	Material
Kinder erkennen frühzeitig, wann sie beim Lernen überfordert sind.	Ab 8 Jahren	10 Minuten	Ein rotes Post-it oder eine kleine Fahne

Anleitung:

1. Wenn das Kind während des Lernens merkt, dass es überfordert oder frustriert ist, hebt es die rote Flagge.

2. Dann macht ihr gemeinsam eine kurze Pause und besprecht, was helfen könnte (z. B. die Aufgabe anders erklären, eine Bewegungspause machen).

3. Kinder lernen, ihre eigenen Grenzen zu erkennen und Unterstützung einzufordern.

Übung 13: Der „Denk-Zebra"-Trick

Ziel	Alter	Dauer	Material
Kinder lernen, sich auf das Wesentliche zu konzentrieren und Ablenkungen zu vermeiden.	Ab 7 Jahren	10 Minuten	Ein Kuscheltier oder Bild von einem Zebra

Anleitung:

1. Erkläre dem Kind, dass sein Gehirn wie ein Zebra funktioniert: Es kann nicht auf zwei Dinge gleichzeitig achten.

2. Während der Lernzeit stellt das Kind das „Denk-Zebra" auf seinen Schreibtisch.

3. Immer wenn es sich ablenken lässt, schaut es auf das Zebra und erinnert sich: „Ich konzentriere mich nur auf eine Sache zurzeit."

4. Diese Methode hilft, Multitasking zu vermeiden und die Aufmerksamkeit gezielt zu steuern.

Übung 14: Der „Ich kann das!"-Zettel

Ziel	Alter	Dauer	Material
Kinder stärken ihr Selbstvertrauen in schulischen Herausforderungen.	Ab 6 Jahren	5 Minuten täglich	Notizzettel, Stift

Anleitung:

1. Das Kind schreibt jeden Tag eine Sache auf, die es gut gemacht hat (z. B. „Ich habe eine schwierige Matheaufgabe gelöst", „Ich habe mich getraut, etwas zu fragen").

2. Am Ende der Woche liest es die Zettel durch, um sich bewusst zu machen, wie viele Fortschritte es gemacht hat.

3. Dieses Ritual hilft, Schulangst zu reduzieren und das Selbstwertgefühl zu steigern.

Übung 15: Die Lern-Oase

Ziel	Alter	Dauer	Material
Eine entspannte Umgebung für konzentriertes Arbeiten schaffen.	Ab 6 Jahren	Einmalige Einrichtung + 5 Minuten Vorbereitung	Kissen, Pflanzen, leise Musik (optional)

Anleitung:

1. Gemeinsam mit dem Kind einen festen Lernplatz einrichten, der ruhig und angenehm ist.

2. Vor Beginn der Hausaufgaben wird der Platz vorbereitet:

• Unnötige Ablenkungen entfernen

• Ein kleines Ritual wie ein kurzes Stretching oder eine Atemübung durchführen

3. So entsteht ein positiver Bezug zum Lernen, und Stress wird minimiert.

Übung 16: Die Sorgen-Box

Ziel	Alter	Dauer	Material
Kinder lernen, Schulstress loszulassen, anstatt sich von Sorgen überwältigen zu lassen.	Ab 7 Jahren	10 Minuten täglich	Eine kleine Box, Zettel, Stift

Anleitung:

1. Das Kind schreibt Sorgen auf einen Zettel (z. B. „Ich habe Angst vor der Mathearbeit").

2. Der Zettel wird in die Sorgen-Box gelegt – das bedeutet symbolisch, dass die Sorge „abgelegt" wurde.

3. Einmal pro Woche wird gemeinsam geschaut: Welche Sorgen haben sich in Luft aufgelöst? Welche sind noch da? Gibt es Lösungen?

Übung 17: Der Bewegungs-Booster

Ziel	Alter	Dauer	Material
Konzentrationsblockaden bei den Hausaufgaben auflösen	Ab 6 Jahren	3–5 Minuten	Keine

Anleitung:

1. Wenn das Kind beim Lernen unruhig wird oder müde wirkt, macht es eine kurze Bewegungseinheit:

• 10x auf der Stelle hüpfen

• 5 tiefe Kniebeugen

• Einmal um den Tisch rennen

2. Danach fällt es leichter, sich wieder auf die Aufgaben zu konzentrieren.

Übung 18: Die Prüfungs-Powerpose

Ziel	Alter	Dauer	Material
Selbstbewusstsein vor Tests oder Vorträgen stärken	Ab 8 Jahren	2 Minuten	Keine

Anleitung:

1. Das Kind stellt sich vor einen Spiegel oder in eine freie Ecke des Raumes.

2. Es nimmt eine kraftvolle Haltung ein (aufrecht stehen, Schultern zurück, Hände in die Hüfte).

3. Es sagt sich selbst einen positiven Satz: „Ich schaffe das!" oder „Ich bin gut vorbereitet!"

4. Diese Körperhaltung beeinflusst das Gehirn positiv und hilft, Prüfungsangst abzubauen.

3.5 Teil 5: Soziale Kompetenzen & Selbstständigkeit stärken

Übung 1: Der Starke-Worte-Kreis

Ziel	Alter	Dauer	Mate-rial
Kinder lernen, sich selbst und andere positiv zu bestärken.	Ab 5 Jahren	10 Minuten	Keine

Anleitung:

1. Setzt euch in einen Kreis.

2. Ein Kind oder Erwachsener beginnt und sagt etwas Positives über sich selbst (z. B. „Ich bin mutig, weil ich heute meine Meinung gesagt habe.").

3. Danach gibt er einem anderen Kind ein positives Wort („Ich finde es toll, dass du heute so geduldig warst.").

4. Das geht reihum weiter.

5. Diese Übung stärkt Selbstwertgefühl und zwischenmenschliche Bindung.

Übung 2: Der Dankbarkeits-Fußweg

Ziel	Alter	Dauer	Material
Kinder lernen, sich auf Positives zu konzentrieren	Ab 6 Jahren	10 Minuten	Keine

Anleitung:

1. Beim nächsten Spaziergang sagt das Kind nach jedem dritten Schritt etwas, wofür es dankbar ist (z. B. „Ich bin dankbar für die Sonne.").

2. Wer zuerst 10 Dinge gesagt hat, hat gewonnen.

3. Dankbarkeitstraining hilft Kindern, den Fokus auf schöne Erlebnisse zu richten.

Übung 3: Der „So fühle ich mich"-Knopf

Ziel	Alter	Dauer	Material
Kinder erkennen ihre Emotionen und können sie ausdrücken	Ab 4 Jahren	5 Minuten	Eine Pappscheibe mit drehbarem Zeiger (z. B. mit den Gefühlen „glücklich, wütend, traurig, ruhig")

Anleitung:

1. Das Kind dreht den Zeiger auf das Gefühl, das es gerade hat.

 2. Dann wird besprochen: „Was hat dich so fühlen lassen?" und „Was könntest du tun, wenn du dich nicht wohlfühlst?"

3. Diese Übung erleichtert Kindern, ihre Emotionen auszudrücken.

Übung 4: Der „Ich schaffe das!"-Würfel

Ziel	Alter	Dauer	Material
Kinder werden motiviert, Herausforderungen positiv zu sehen	Ab 6 Jahren	10 Minuten	Würfel mit sechs motivierenden Sätzen (z. B. „Ich probiere es einfach!", „Ich kann das schaffen!")

Anleitung:

1. Wenn ein Kind unsicher ist, würfelt es.

2. Es liest laut den Satz vor und denkt darüber nach, wie dieser ihm helfen kann.

3. Positive Selbstgespräche stärken den Glauben an die eigene Fähigkeit.

Übung 5: Die Mitmach-Schlange

Ziel	Alter	Dauer	Material
Zusammenarbeit und Geduld trainieren	Ab 5 Jahren	10 Minuten	Seil oder Band

Anleitung:

1. Die Kinder stellen sich hintereinander auf und halten das Seil mit beiden Händen.

2. Sie müssen eine bestimmte Strecke gemeinsam gehen, ohne das Seil loszulassen.

3. Dabei lernen sie, zusammenzuarbeiten und aufeinander Rücksicht zu nehmen.

Übung 6: Die Vertrauensbrücke

Ziel	Alter	Dauer	Material
Kinder erfahren, wie wichtig Vertrauen und Kooperation sind	Ab 6 Jahren	10 Minuten	Keine

Anleitung:

1. Zwei Kinder stellen sich gegenüber und halten sich an den Händen.

2. Ein drittes Kind geht langsam über die „Brücke" (die haltenden Arme). 3. Danach wird besprochen: „Wie hat es sich angefühlt, jemandem zu vertrauen?"

Übung 7: Das „Mein bester Freund"-Plakat

Ziel	Alter	Dauer	Material
Soziale Bindungen stärken und Wertschätzung zeigen	Ab 6 Jahren	15 Minuten	Papier, Stifte

Anleitung:

1. Das Kind malt ein Plakat für eine Person, die ihm wichtig ist.

2. Es schreibt auf: „Ich mag dich, weil..." und nennt 3 Dinge.

3. Das Plakat wird der Person überreicht.

4. Diese Übung fördert Wertschätzung und Freundschaft.

Übung 8: Die Streitschlichter-Karten

Ziel	Alter	Dauer	Material
Kinder lernen, Konflikte selbstständig zu lösen	Ab 7 Jahren	10 Minuten	Karten mit Lösungsvorschlägen für Streitfälle

Anleitung:

1. Gemeinsam mit deinem Kind Lösungen für Streitsituationen finden und auf die Karten notieren.

2. Kinder ziehen eine Karte und überlegen, wie sie den Vorschlag im nächsten Streit nutzen können.

3. Besprecht die Situationen und Lösungsvorschläge gemeinsam in der Familie.

Übung 9: Die „Was würde passieren, wenn..."-Fragen

Ziel	Alter	Dauer	Material
Kinder reflektieren ihr Verhalten und seine Konsequenzen	Ab 7 Jahren	10 Minuten	Keine

Anleitung:

1. Eltern oder Erzieher stellen hypothetische Fragen wie:

• „Was würde passieren, wenn jeder immer nur schreien würde, wenn er wütend ist?"

• „Was passiert, wenn niemand mehr hilft?"

2. Kinder überlegen sich dazu kreative Antworten und lernen, über ihr Verhalten nachzudenken.

Übung 10: Die Schweige-Minute

Ziel	Alter	Dauer	Material
Achtsamkeit und Selbst- kontrolle trainieren	Ab 5 Jahren	5 Minuten	Keine

Anleitung:

1. Alle setzen sich hin und bleiben 1 Minute lang still.

2. Danach sprechen sie darüber, was ihnen aufgefallen ist (z. B. „Ich habe Vögel gehört").
3. Diese Übung hilft, den Moment bewusster wahrzunehmen.

Übung 11: Der „Höflichkeits-Zauberstab"

Ziel	Alter	Dauer	Material
Kinder trainieren gutes Benehmen spielerisch	Ab 4 Jahren	10 Minuten	Ein Stock oder Löffel als „Zauberstab"

Anleitung:

1. Das Kind bekommt den Zauberstab und sagt etwas Nettes zu jemandem.

2. Dann gibt es den Stab weiter.

3. Diese Übung stärkt höfliches und respektvolles Verhalten.

Übung 12: Die „Was hat mich glücklich gemacht?"-Sonne

Ziel	Alter	Dauer	Material
Kinder konzentrieren sich auf positive Erlebnisse	Ab 4 Jahren	10 Minuten	Papier, Stifte

Anleitung:

1. Male eine Sonne mit mehreren Strahlen.

2. Das Kind schreibt in jeden Strahl etwas, das es glücklich gemacht hat.

3. Diese Übung hilft, sich bewusst auf die positiven Dinge des Tages zu fokussieren.

Übung 13: Die Gefühle-Welle

Ziel	Alter	Dauer	Material
Kinder lernen, dass Emotionen kommen und gehen, wie eine Welle	Ab 5 Jahren	10 Minuten	Keine

Anleitung:

1. Erkläre dem Kind, dass Gefühle wie Wellen im Meer sind – manchmal klein und ruhig, manchmal groß und wild.

2. Lass es die Arme wie Wellen auf und ab bewegen:

• „Jetzt kommt eine große Wut-Welle!" (schnelle, kräftige Bewegungen)

• „Jetzt beruhigt sie sich wieder." (langsame, sanfte Bewegungen)

3. Das Kind erkennt spielerisch, dass starke Gefühle nicht ewig bleiben und lernen kann, sie bewusst zu „reiten", statt von ihnen überrollt zu werden.

Übung 14: Der Empathie-Spiegel

Ziel	Alter	Dauer	Mate-rial
Kinder üben, sich in andere hineinzuversetzen	Ab 6 Jahren	10 Minuten	Keine

Anleitung:

1. Einer spielt eine emotionale Situation nach (z. B. traurig, frustriert, glücklich).

2. Der andere soll sich vorstellen, wie sich die Person fühlt, und raten: „Ich glaube, du bist gerade traurig, weil..."

3. Danach wird die Rolle getauscht.

4. Diese Übung hilft, emotionale Signale besser zu deuten und Empathie zu entwickeln.

Übung 15: Der „Ich kann helfen!"-Plan

Ziel	Alter	Dauer	Material
Kinder übernehmen Verantwortung im Alltag	Ab 6 Jahren	Langfristig	Liste mit Aufgaben

Anleitung:

1. Gemeinsam mit dem Kind eine Liste mit Dingen erstellen, bei denen es helfen kann (z. B. Tisch decken, Pflanzen gießen, kleinere Geschwister trösten).

2. Jedes Mal, wenn das Kind eine Aufgabe übernimmt, gibt es einen Haken oder Sticker.

3. Ziel ist es, zu erkennen: Helfen macht stolz und gibt ein gutes Gefühl.

Übung 16: Das Friedenslicht

Ziel	Alter	Dauer	Material
Kinder lernen, Konflikte zu beruhigen	Ab 5 Jahren	5 Minuten	Eine Kerze oder Taschenlampe

Anleitung:

1. Immer wenn es Streit gibt, setzt ihr euch hin und zündet das „Friedenslicht" an.

2. Während das Licht brennt, darf jeder abwechselnd sagen, was ihn stört – ohne unterbrochen zu werden.

3. Danach wird über Lösungen gesprochen.

4. Diese symbolische Handlung hilft, Konflikte ruhig zu lösen.

Übung 17: Das Selbstvertrauens-Glas

Ziel	Alter	Dauer	Material
Kinder erkennen, dass sie jeden Tag wachsen und dazulernen	Ab 4 Jahren	Langfristig	Glas, kleine Zettel

Anleitung:

1. Jedes Mal, wenn das Kind etwas Neues gelernt oder geschafft hat, schreibt es das auf einen Zettel und steckt ihn ins Glas.

2. Nach ein paar Wochen wird geschaut: Wie viele großartige Dinge wurden bereits erreicht?

3. Diese Übung stärkt das Selbstbewusstsein und macht Fortschritte sichtbar.

Übung 18: Die „Wie fühlt sich das an?"-Runde

Ziel	Alter	Dauer	Material
Empathie für andere entwickeln	Ab 5 Jahren	10 Minuten	Keine

Anleitung:

1. Eltern oder Kinder stellen sich vor, wie es sich anfühlen würde, in bestimmten Situationen zu sein:

- „Wie würdest du dich fühlen, wenn jemand dein Lieblings-spielzeug wegnimmt?"

- „Wie fühlt sich ein Kind, das allein auf dem Pausenhof sitzt?"

2. Nach jedem Beispiel kann besprochen werden: Was könnte man tun, um der anderen Person zu helfen?

Übung 19: Der Komplimente-Kreis

Ziel	Alter	Dauer	Material
Das Selbstbewusstsein und den positiven Umgang miteinander fördern	Ab 4 Jahren	5–10 Minuten	Keine

Anleitung:

1. Alle Mitspieler sitzen im Kreis.

2. Ein Kind oder Erwachsener beginnt und gibt dem nächsten ein ehrliches Kompliment (z. B. „Ich finde es großartig, dass du so hilfsbereit bist.").

3. Das geht reihum weiter, bis jeder ein Kompliment erhalten hat.

4. Diese Übung fördert ein positives Miteinander und zeigt, wie wertvoll freundliche Worte sind.

Übung 20: Die Selbstständigkeit

Ziel	Alter	Dauer	Material
Kinder lernen, kleine Aufgaben selbstständig zu bewältigen	Ab 6 Jahren	Täglich, je nach Aufgabe	Aufgabenliste

Anleitung:

1. Erstelle eine Liste mit Aufgaben, die das Kind allein bewältigen soll (z. B. Tisch decken, sich selbst anziehen, Schulranzen packen).

2. Jedes Mal, wenn eine Aufgabe geschafft wurde, gibt es einen Haken auf der Liste.

3. Am Ende der Woche kann das Kind stolz sehen, was es alles schon selbst geschafft hat

Übung 21: Der Streit-Rückspul-Trick

Ziel	Alter	Dauer	Material
Konflikte reflektieren und neue Lösungswege finden	Ab 7 Jahren	5–10 Minuten	Keine

Anleitung:

1. Wenn es einen Streit gab, spult ihr die Situation gemeinsam zurück:

• „Was ist passiert?"

• „Wie hast du dich dabei gefühlt?"

• „Was hätte man anders machen können?"

2. Diese Reflexion hilft dem Kind, beim nächsten Mal gelassener zu reagieren.

Kapitel 4 – Elternratgeber: Medienzeit bei Kindern verstehen und gesund regulieren

3.1 Warum Kinder Medien so faszinierend finden – und warum es ihnen so schwerfällt, selbst aufzuhören

Es ist Zeit, den Fernseher auszuschalten. Du kündigst es fünf Minuten vorher an. Doch als der Bildschirm schwarz wird, eskaliert die Situation:

- ✘ Dein Kind schreit, tobt und wirft sich vielleicht sogar auf den Boden.
- ✘ Es fleht dich an: *„Nur noch eine Folge, bitte!"*
- ✘ Oder es wirkt überreizt und kann sich nach der Bildschirmzeit nicht beruhigen.

Kommt dir das bekannt vor? Dann bist du nicht allein. Viele Eltern stehen tagtäglich vor genau dieser Herausforderung.

Doch warum ist es so schwierig, Kinder vom Bildschirm wegzubekommen?

Weil Medien das kindliche Gehirn auf eine Weise stimulieren, die sie selbst nicht regulieren können.

Kinder sind fasziniert von den schnellen Bildern, den intensiven Farben und den spannenden Geschichten. Während Erwachsene oft bewusst entscheiden, eine Serie zu beenden oder eine Pause zu machen, fehlt Kindern diese Selbststeuerung noch.

Die **Impulskontrolle** – also die Fähigkeit, selbst zu sagen: *„Jetzt höre ich auf, auch wenn ich weitermachen könnte."* – entwickelt sich erst mit der Zeit.

Warum Kinder in Medien „versinken" – die neurobiologische Erklärung

Das kindliche Gehirn funktioniert anders als das Erwachsenengehirn.

Hier sind drei entscheidende Punkte, die erklären, warum Medien so eine starke Anziehungskraft auf Kinder haben:

1. Dopamin-Ausschüttung: Medien sind wie eine Belohnung für das Gehirn

• Wenn ein Kind eine spannende Serie schaut oder ein Videospiel spielt, wird Dopamin ausgeschüttet – das sogenannte Glückshormon.

• Das Gehirn verbindet Medien mit Belohnung und Freude.

• Je länger das Kind schaut, desto stärker verknüpft es: *„Bildschirmzeit = gutes Gefühl."*

2. Unreifer präfrontaler Kortex: Selbstkontrolle ist noch nicht ausgereift

• Der **präfrontale Kortex**, der für Impulskontrolle zuständig ist, entwickelt sich bis ins junge Erwachsenenalter.

• Kinder können sich also nicht selbst sagen: *„Jetzt ist genug."*

• Sie sind auf die Unterstützung von Eltern angewiesen, um Bildschirmzeiten zu begrenzen.

3. Sinnesüberflutung: Zu viele Reize auf einmal

• Schnelle Schnitte, laute Geräusche und bunte Farben überfordern das kindliche Gehirn.

• Nach dem Ausschalten sind viele Kinder überreizt, weil ihr Gehirn noch nicht „heruntergefahren" ist.

• Deswegen reagieren sie oft mit Wut oder Trotz – sie brauchen Zeit, um sich zu regulieren.

Was passiert, wenn Kinder zu viel Medien konsumieren?

Nicht alle Mediennutzung ist per se schlecht – aber übermäßiger Konsum kann Probleme verursachen.

	Alter	Problem
X	0–3 Jahre	Übermäßiger Medienkonsum kann die Sprachentwicklung verzögern
X	0–3 Jahre	Babys und Kleinkinder lernen durch direkte Interaktion – Bildschirme bieten keine echte Kommunikation
X	0–3 Jahre	Hohe Medienzeiten sind mit Aufmerksamkeitsproblemen im späteren Alter verbunden
X	3–6 Jahre	Zu viel Bildschirmzeit kann zu motorischer Unruhe und schlechterer Frustrationstoleranz führen
X	3–6 Jahre	Kinder in diesem Alter brauchen Bewegung, Kreativität und soziale Interaktion – Bildschirme schränken diese Erfahrungswelten ein
X	3–6 Jahre	Nach dem Fernsehen fällt es vielen schwer, sich auf ruhige Aktivitäten (z. B. Bücher oder Puzzle) zu konzentrieren
X	6–12 Jahre	Lange Bildschirmzeiten gehen oft mit schlechterer Konzentration in der Schule einher
X	6–12 Jahre	Kinder neigen dazu, Medien zur Stressbewältigung zu nutzen – was zu ungesunden Gewohnheiten führen kann
X	6–12 Jahre	Der Konsum von Social Media beeinflusst das Selbstbild und kann zu Vergleichen und Unsicherheiten führen

Die Realität in Familien: Was empfohlen wird vs⍰ was wirklich passiert

Viele Eltern wissen, dass zu viel Medienzeit nicht ideal ist – aber in der Praxis sieht es oft anders aus.

Kategorie	Offizielle Empfehlungen WHO / Kinderärzte	Realität
0–2 Jahre	Keine Bildschirmzeit (außer Videoanrufe mit Familie)	Kleinkinder schauen regelmäßig Videos
3–5 Jahre	Maximal 30 Minuten pro Tag	Oft deutlich mehr als 30 Minuten Bildschirmzeit pro Tag
6–12 Jahre	Maximal 1 Stunde pro Tag, altersabhängig	Nutzen digitale Geräte zunehmend für Spiele, Serien und Social Media

Warum ist das so?

Weil Eltern **im Alltag oft an ihre Grenzen kommen**. Ein Tablet oder Fernseher ermöglicht es, kurz durchzuatmen, während das Kind beschäftigt ist.

Das Problem ist nicht die Bildschirmzeit an sich – sondern der **unkontrollierte Konsum ohne feste Regeln**.

Typische Fehler im Umgang mit Medien – und wie man es besser macht

x **Fehler 1: Medien als Belohnung oder Strafe einsetzen**

x *„Wenn du brav bist, darfst du nachher länger fernsehen.“*

x *„Wenn du dein Zimmer nicht aufräumst, gibt es kein Tablet heute!“*

Warum ist das problematisch?

• Das Kind verknüpft Medien mit Belohnung – was den Reiz noch verstärkt.

• Strafen führen zu Machtkämpfen und lassen das Kind nicht lernen, selbstbestimmt mit Medien umzugehen.

✓ **Besser:** Mediennutzung als normalen Bestandteil des Tages etablieren, ohne sie mit Verhalten zu verknüpfen.

x **Fehler 2: Unklare Regeln zur Medienzeit**

x „Heute darfst du 10 Minuten mehr.“

x „Ach, ist ja Wochenende, dann mach halt noch eine Folge.“

Warum ist das problematisch?

• Kinder lernen, dass Medienzeiten verhandelbar sind – und fordern immer mehr ein.

• Sie entwickeln keine gesunde Routine, sondern nutzen Bildschirme je nach Laune.

> ✓ **Besser:** Klare Zeiten festlegen, z. B. „Jeden Tag 30 Minuten nach dem Mittagessen" – und diese Regel konsequent einhalten.

> ✗ **Fehler 3: Keine Übergangszeit nach dem Abschalten**
> ✗ Kind muss abrupt aufhören → Wutanfall.

Warum ist das problematisch?

• Das Gehirn kann nicht von 100 auf 0 herunterfahren.

• Ohne eine „Pufferphase" nach der Bildschirmzeit sind Kinder gereizt.

Besser:

✓ 5-Minuten-Warnung geben: „In 5 Minuten ist die Medienzeit vorbei."

✓ Rituale danach etablieren: Gemeinsam eine Geschichte lesen, draußen spielen oder etwas basteln.

✓ Eine Alternative vorbereiten: „Nach dem Film spielen wir mit LEGO."

Fazit: Mediennutzung bewusst gestalten

Medien sind Bestandteil des heutigen Lebens – ihre Nutzung sollte aber in gesunden Grenzen liegen.

Feste Regeln helfen, Streit und Machtkämpfe zu vermeiden.

Kinder müssen lernen, selbst mit Medien umzugehen – durch Vorbilder und klare Strukturen.

Eltern sind nicht dazu da, Medien komplett zu verbieten – sondern sie sinnvoll in den Alltag zu integrieren.

Mit einer bewussten Steuerung der Bildschirmzeit können Kinder Medien genießen, ohne davon abhängig zu werden.

Kapitel 5 – Elternratgeber: Praktische Tipps für den Alltag

5.1 Wie Selbstregulation im Alltag wirklich funktioniert – ein revolutionärer Leitfaden für Eltern

Warum dieser Elternratgeber anders ist

Viele Eltern suchen nach schnellen Lösungen für Probleme wie Wutanfälle, Unruhe oder Konzentrationsprobleme – doch oft bleiben Ratschläge zu oberflächlich.

✗ *„Bleiben Sie ruhig."*

✗ *„Setzen Sie klare Grenzen."*

✗ *„Loben Sie Ihr Kind."*

Diese Tipps sind nicht falsch – aber sie helfen wenig, wenn Eltern nicht wissen, **wie** sie im Alltag konkret umgesetzt werden können.

- **Dieses Kapitel liefert keine Theorie, sondern handfeste Lösungen.**
- **Jede Strategie ist darauf ausgelegt, sofort im Alltag anwendbar zu sein.**

Nach diesem Kapitel wirst du:

✓ Dein Kind besser verstehen.

✓ Wissen, wie du es langfristig in seiner Selbstregulation stärkst.

✓ Konkrete Strategien haben, die dir den Alltag erleichtern.

Die „Ich nehme mir eine Sekunde"-Technik: Wie du als Elternteil Ruhe bewahrst

Viele Eltern wünschen sich, dass ihr Kind sich besser regulieren kann – doch oft übersehen sie den wichtigsten Faktor: **Kinder spiegeln unser Verhalten.**

Wenn wir als Erwachsene bei Konflikten laut werden, ungeduldig reagieren oder Druck aufbauen, tun Kinder das Gleiche.

Regel Nr. 1 für Selbstregulation im Alltag:

→ Bevor du auf eine Situation reagierst, nimm dir **eine Sekunde Zeit**, um bewusst zu atmen.

Beispiel:

Dein Kind trotzt, weil es etwas nicht bekommt.

✕ **Fehlreaktion:**

„Jetzt hörst du sofort auf damit! Das ist doch lächerlich!"

☑ **Besser:**

1. **Nimm dir 1 Sekunde** – Atme tief durch, bevor du antwortest. 2. **Spiegele das Gefühl deines Kindes:**

• „Ich sehe, dass du gerade enttäuscht bist, weil du das Spielzeug nicht bekommst."

3. **Bleibe konsequent, aber ruhig:**

• *„Heute gibt es das nicht. Ich weiß, das ist schwer, aber ich bin da."* Diese Technik braucht Übung, aber sie verändert dein Familienleben enorm.

Wie du dein Kind sanft in Frustration trainierst – ohne Stress für euch beide

Selbstregulation bedeutet, mit Enttäuschungen umgehen zu können. Doch wenn Kinder nie lernen, Frustration auszuhalten, wird jede Kleinigkeit zum Drama.

Hier sind **drei einfache Wege**, um dein Kind sanft auf Frustration vorzubereiten:

☑ **1. „Mini-Wartezeiten" im Alltag einbauen**

• Statt immer sofort zu reagieren, wenn dein Kind nach etwas fragt, sage:

• *„Ich bringe es dir in zwei Minuten."*

• *„Du darfst das gleich haben, wenn ich mit meiner Aufgabe fertig bin."*

• So lernt dein Kind, geduldig zu sein.

☑ **2. „Das Warten spannend machen"**

• Wenn dein Kind warten muss, mach es zu einem Spiel:

• *„Wir zählen gemeinsam rückwärts von 10."*

• *„Mach ein Geräusch wie ein Tier, bis du dran bist."*

• So wird Geduld nicht zur Strafe, sondern zu einer spielerischen Erfahrung.

☑ **3. Bewusst mit kleinen Enttäuschungen umgehen**

• Wenn dein Kind eine Kleinigkeit nicht bekommt (z. B. eine extra Süßigkeit), begleite die Frustration:

• *„Ich weiß, das fühlt sich blöd an. Was könnte dir jetzt helfen, dich besser zu fühlen?"*

So lernt dein Kind, dass Frustration normal ist – und dass es Wege gibt, damit umzugehen.

Die magische Kraft der „Kleinen Erfolge"

Selbstregulation wächst durch Erfolgserlebnisse. Kinder, die erleben, dass sie Herausforderungen meistern können, gewinnen langfristig mehr innere Stärke.

Strategie: Kleine Herausforderungen setzen und bewusst verstärken

Beispiele für „Kleine Erfolge" im Alltag:

☑ Dein Kind schafft es, einen Wutanfall schneller zu beruhigen.

☑ Es kann länger stillsitzen als sonst.

☑ Es atmet tief durch, statt direkt zu schreien.

So verstärkst du den Effekt:

• **Spiegele den Erfolg:** *„Wow, du hast dich heute viel schneller beruhigt als gestern!"*

• **Nutze den „Erfolgstracker":**

Jedes Mal, wenn dein Kind sich gut reguliert, bekommt es einen Sticker.

Nach 5 Erfolgen gibt es eine kleine Belohnung (z. B. eine gemeinsame Aktivität). Erfolgsmomente schaffen Selbstvertrauen – und das macht Kinder langfristig stärker.

Der „Fehler des Tages"-Trick – Warum Fehler Kinder stark machen

Viele Kinder haben Angst vor Fehlern, weil sie glauben, sie müssten perfekt sein. Doch Fehler sind **wichtig für Selbstregulation,** denn sie helfen, aus Misserfolgen zu lernen.

Deshalb: Führt als Familie die „Fehler des Tages"-Routine ein!

Jeden Abend erzählt jeder in der Familie:

• Einen Fehler, den er heute gemacht hat.

• Was er daraus gelernt hat.

• Wie er es nächstes Mal besser machen kann.

Warum das funktioniert:

✓ Kinder sehen, dass Fehler normal sind.

✓ Sie lernen, mit Misserfolgen gelassener umzugehen.

✓ Es stärkt den offenen Umgang mit Herausforderungen.

Die Kraft der „Gedankenschalter"-Technik: Negative Gedanken stoppen

Oft hindern uns innere Überzeugungen daran, ruhig zu bleiben. Kinder sagen sich selbst oft Dinge wie:

✖ *„Ich kann das nicht!"*

✖ *„Ich bin einfach dumm."*

✖ *„Das klappt sowieso nicht."*

Diese Gedanken beeinflussen ihr Verhalten negativ – sie geben schneller auf, werden frustriert und reagieren impulsiver.

Lösung: Der „Gedankenschalter"-Trick

💡 **So geht᳐s:**

1. Kind äußert einen negativen Gedanken

   • „Ich schaffe das nicht."

2. Erwachsener fragt:

   • „Welchen neuen Gedanken könnten wir ausprobieren?"

3. Das Kind formuliert eine Alternative:

• „Ich versuche es nochmal, vielleicht klappt es!"

4. Erfolgserlebnisse verstärken:

• „Siehst du? Du hast es geschafft!" Nach ein paar Wochen wendet das Kind diese Technik von selbst an.

Fazit: Wie Eltern Selbstregulation langfristig fördern können:

1. Selbst ruhig bleiben: Dein Verhalten ist das größte Vorbild.

2. Frustration bewusst trainieren: Mini-Wartezeiten helfen.

3. Erfolge sichtbar machen: Kleine Siege sind entscheidend.

4. Fehler als Wachstum nutzen: Die „Fehler des Tages"-Routine verändert den Blickwinkel.

5. Gedanken steuern: Der „Gedankenschalter" stoppt negative Muster.

Selbstregulation ist kein Talent – sie ist ein **Trainingsprozess, der Eltern aktiv unterstützen können.**

Kapitel 6: Hochsensible Kinder verstehen und unterstützen

Hochsensible Kinder – Eine besondere Gabe voller Potenzial Manchmal fühlt es sich für Eltern so an, als würde ihr Kind die Welt in einer anderen Frequenz erleben – lauter, bunter, intensiver. Hochsensible Kinder nehmen ihre Umgebung nicht nur wahr, sie fühlen sie mit jeder Faser ihres Seins. Sie spüren die Stimmungen im Raum, hören Töne, die andere überhören, und nehmen feinste Nuancen in Mimik und Stimme wahr. Während das eine wunderbare Gabe ist, kann es für Eltern manchmal herausfordernd sein.

Vielleicht hast du dich schon gefragt: Warum reagiert mein Kind so stark? Warum ist es schneller überfordert? Warum nimmt es Kritik so schwer? Diese Gedanken sind völlig normal. Doch lass mich dir eins sagen: Dein Kind ist genau richtig, so wie es ist.

Eine Welt voller Eindrücke – und ein Kind, das sie alle aufnimmt Hochsensible Kinder sind wie ein fein gestimmtes Instrument. Wo andere nur die grobe Melodie eines Liedes hören, spüren sie die einzelnen Noten, das leise Vibrieren der Saiten, die Emotion, mit der es gespielt wird.

Diese Fähigkeit macht sie oft besonders einfühlsam, kreativ und tiefgründig. Doch gleichzeitig bedeutet das auch: Ein Tag im Kindergarten oder in der Schule kann sie schneller erschöpfen, weil sie mehr Reize aufnehmen und verarbeiten müssen als andere. Ein Streit mit einem Freund kann sie noch lange beschäftigen, weil sie ihn auf einer tieferen Ebene spüren.

Eine plötzliche Veränderung im Tagesablauf kann sie aus dem Gleichgewicht bringen, weil sie sich innerlich erst darauf einstellen müssen. All das hat nichts mit „Empfindlichkeit" oder „Schwäche" zu tun. Es bedeutet einfach, dass diese Kinder mehr wahrnehmen – und das bedeutet auch, dass sie mehr Zeit brauchen, um das alles zu verarbeiten.

Genau hier beginnt die Aufgabe der Eltern. Der wichtigste Schlüssel: Akzeptanz und Vorbild sein. Es gibt Tage, an denen dein Kind überfordert ist. Vielleicht weint es wegen einer scheinbar „kleinen" Sache. Vielleicht kann es sich nach einem aufregenden Tag nicht beruhigen.

Vielleicht hat es einen Wutanfall, weil ein Plan spontan geändert wurde. In diesen Momenten sind wir als Eltern gefragt. Und genau hier beginnt die Selbstregulation – nicht nur bei unseren Kindern, sondern auch bei uns selbst.

Denke an eine typische Alltagssituation: Ihr seid im Supermarkt. Es ist voll, laut, hektisch. Du bist gestresst, versuchst, alles schnell zu erledigen. Plötzlich fällt dir ein Eierkarton aus der Hand und zerbricht auf dem Boden. Was passiert jetzt?

Möglichkeit 1: Du ärgerst dich laut, vielleicht rutscht dir ein „Oh nein, jetzt auch das noch!" heraus. Du bist genervt, atmest hektisch, dein Puls steigt.

Möglichkeit 2: Du atmest tief durch, schaust die Eier an und sagst: „Oh, das war wohl nicht mein Tag. Na gut, dann holen wir eben einen Lappen und machen es sauber."

Welches Verhalten wird dein Kind übernehmen?

Kinder lernen nicht durch Worte, sondern durch Beobachtung. Hochsensible Kinder erst recht. Sie nehmen nicht nur das wahr, was wir sagen, sondern auch die Energie, mit der wir es sagen. Sie spüren unseren Stress, unsere Unruhe, unsere Frustration – und übernehmen sie unbewusst.

Deshalb ist es so wichtig, dass wir nicht nur erwarten, dass unser Kind seine Gefühle reguliert – sondern dass wir es ihm vorleben. Gefühle sind immer richtig – Es geht darum, mit ihnen umzugehen.

Ein hochsensibles Kind fühlt intensiv. Es ist nicht „zu viel", es ist nicht „übertrieben".

💡 Ein Kind, das weint, weil es überfordert ist, braucht keine Worte wie „Das ist doch nicht schlimm."

✔️ Es braucht Verständnis: „Ich sehe, dass das gerade viel für dich ist. Das ist in Ordnung. Ich bin hier."

💡 Ein Kind, das schnell wütend wird, braucht keine Strafe.

✔️ Es braucht Begleitung: „Ich merke, dass du frustriert bist. Komm, wir überlegen, was dir helfen könnte."

💡 Ein Kind, das sich zurückzieht, weil es zu viele Eindrücke hat, braucht keine Ermahnung, „doch mal mitzumachen".

✔️ Es braucht eine sichere Umgebung: „Du kannst dir so viel Zeit nehmen, wie du brauchst. Wenn du bereit bist, bin ich hier."

Jedes Gefühl, das kommt, hat seinen Platz und seine Berechtigung. Unser Job als Eltern ist es nicht, diese Gefühle wegzumachen oder kleinzureden – sondern unserem Kind zu zeigen, wie es mit ihnen umgehen kann.

Gefühle sind niemals falsch. Sie sind ein Kompass, der uns zeigt, was unser Kind gerade braucht.

> Hochsensible Kinder sind keine Herausforderung – Sie sind ein Geschenk

Vielleicht hast du dich schon einmal gefragt, ob du als Elternteil „alles richtig machst".

Vielleicht hast du Momente, in denen du dir wünschst, dein Kind wäre „ein bisschen unempfindlicher".

Vielleicht gibt es Situationen, in denen du dich fragst, warum dein Kind nicht so reagiert wie andere.

Lass mich dir sagen: **Du machst es genau richtig.**

Dein Kind hat das Glück, Eltern zu haben, die sich mit seiner Hochsensibilität auseinandersetzen. Eltern, die bereit sind, ihm zuzuhören. Eltern, die versuchen, es zu verstehen. Und weißt du, was das bedeutet? Dass dein Kind die beste Voraussetzung hat, um sich zu einem starken, selbstbewussten und emotional intelligenten Menschen zu entwickeln.

Denn Hochsensibilität ist nichts, was „geheilt" oder „verändert" werden muss. Es ist eine besondere Art, die Welt zu erleben. Und genau mit dieser Besonderheit wird dein Kind später Großartiges tun.

Vielleicht wird es ein kreativer Künstler, weil es Farben und Stimmungen anders wahrnimmt als andere.

Vielleicht wird es ein einfühlsamer Therapeut, weil es versteht, wie sich andere fühlen.

Vielleicht wird es ein starker Anführer, weil es Menschen auf einer tieferen Ebene sieht.

Eines ist sicher: Wenn wir hochsensible Kinder so annehmen, wie sie sind, geben wir ihnen die Chance, genau die Person zu werden, die sie sein wollen. Und ist das nicht das Schönste, was wir unseren Kindern mitgeben können?

6.1 Was bedeutet Hochsensibilität?

Hochsensibilität ist keine Störung oder Diagnose, sondern eine angeborene neurobiologische Eigenschaft, die etwa 15–20 % aller Kinder betrifft. Hochsensible Kinder nehmen Sinnesreize, Emotionen und Stimmungen intensiver wahr als andere. Ihr Nervensystem verarbeitet Informationen tiefgehender, weshalb sie oft schneller überfordert oder reizüberflutet sind.

Merkmale hochsensibler Kinder:

✔ Sie reagieren stärker auf Lärm, Gerüche, Berührungen oder visuelle Reize.

✔ Sie spüren Emotionen anderer sehr intensiv und sind oft besonders mitfühlend.

✔ Sie benötigen mehr Zeit, um Erlebnisse oder Eindrücke zu verarbeiten.

✔ Sie sind schnell frustriert oder überfordert, wenn sich Pläne ändern oder sie zu viele Eindrücke auf einmal bekommen.

✔ Sie stellen tiefergehende Fragen und denken oft sehr reflektiert.

💡 Wichtig für Eltern:

Hochsensible Kinder haben keine „geringere Belastbarkeit" – sie verarbeiten nur mehr Informationen gleichzeitig. Das macht sie oft schneller müde oder emotional erschöpft.

6.2 Ist mein Kind hochsensibel? Ein kleiner Leitfaden zur Erkennung

Wenn du wissen möchtest, ob dein Kind hochsensibel ist, beobachte es in Alltagssituationen:

Wie reagiert dein Kind auf laute Geräusche oder grelles Licht?

◆ Es hält sich oft die Ohren zu oder blinzelt bei starkem Licht.

Wie verarbeitet dein Kind emotionale Erlebnisse?

◆ Es nimmt Stimmungen intensiv wahr, wird traurig, wenn andere traurig sind oder denkt lange über negative Ereignisse nach.

Hat dein Kind Probleme mit Veränderungen?

◆ Es reagiert empfindlich auf Planänderungen oder braucht mehr Zeit für Übergänge (z. B. von Freizeit zu Hausaufgaben).

Fällt es deinem Kind schwer, nach aufregenden Tagen zur Ruhe zu kommen?

◆ Es schläft unruhig, stellt viele Fragen vor dem Einschlafen oder verarbeitet den Tag noch lange nach.

Reagiert dein Kind stark auf Kritik oder fühlt sich schnell verletzt?

◆ Es nimmt sich Dinge sehr zu Herzen und kann schlecht mit negativen Rückmeldungen umgehen.

◆ Wenn du viele dieser Fragen mit „Ja" beantwortest, könnte dein Kind hochsensibel sein.

⚠ Achtung: Hochsensibilität ist kein „Problem", das gelöst werden muss – sondern eine besondere Gabe, die richtig begleitet werden will.

6.3 Hochsensibilität im Alltag – typische Herausforderungen und Lösungen

Herausforderung: Dein Kind gerät in Panik oder überreizt bei lauten Umgebungen (z. B. Kindergeburtstag, Supermarkt).

☑ Lösung:

* Bereite dein Kind vor: Erkläre ihm vorher, was es erwartet („Es wird viele Kinder geben, aber du kannst jederzeit eine Pause machen.").

* Schaffe einen „Rückzugsort": Nimm z. B. Kopfhörer oder ein Lieblingsspielzeug mit, um eine beruhigende Pause zu ermöglichen.

* Achte auf Anzeichen von Überforderung: Gähnen, Reiben der Augen oder verstärkte Anhänglichkeit sind erste Warnsignale.

Herausforderung: Dein Kind weint schnell, wenn es sich überfordert fühlt oder kritisiert wird.

☑ Lösung:

* Anstatt Kritik direkt zu äußern, hilf ihm mit wertschätzendem Feedback („Ich sehe, du hast dir viel Mühe gegeben – vielleicht probieren wir es gemeinsam noch einmal?").

* Bestärke es darin, dass Fehler ein Teil des Lernens sind („Fehler bedeuten, dass dein Gehirn wächst!").

- Schaffe eine emotionale „Schutzblase" durch liebevolle Umarmungen oder beruhigende Worte.

Herausforderung: Dein Kind benötigt lange, um nach aufregenden Tagen oder emotionalen Erlebnissen herunterzukommen.

☑ Lösung:

- Etabliere eine feste Abendroutine mit sanften Übergängen (z. B. ruhige Musik, Kuscheln, leises Vorlesen).

- Vermeide intensive Gespräche oder Bildschirmzeit direkt vor dem Schlafengehen.

- Ermutige dein Kind, sich durch Malen, Schreiben oder Erzählen von seinen Erlebnissen zu befreien.

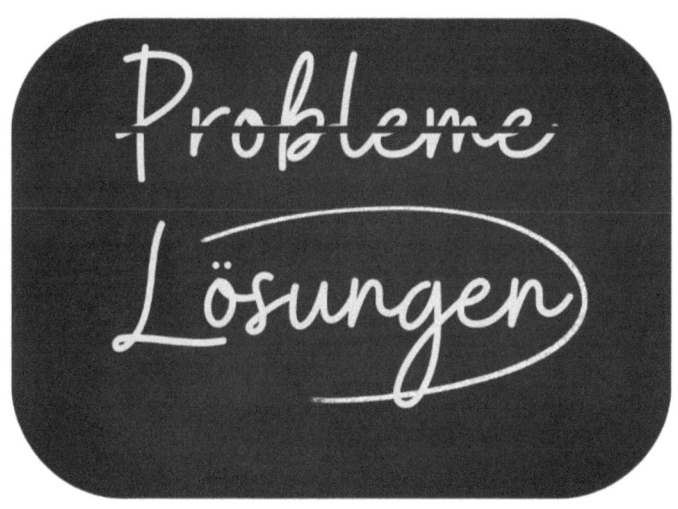

6. 4 Praktische Strategien für Eltern – Hochsensible Kinder stärken statt überfordern

1. Die Reizpause-Methode

* Hochsensible Kinder brauchen bewusst eingeplante Ruhezeiten nach intensiven Erlebnissen.

* Nach der Kita oder Schule zuerst eine „Übergangszeit" ohne viele Gespräche oder Reize einplanen.

2. Das „Schutzschild-Spiel"

* Wenn dein Kind schnell von negativen Stimmungen beeinflusst wird, stelle dir mit ihm vor, dass es ein unsichtbarer Schutzschild um sich hat.

* Dieses Schild schützt es vor negativen Emotionen anderer, während es trotzdem mitfühlen kann.

3. Die „Sanfte-Korrektur"-Technik

* Hochsensible Kinder reagieren stark auf Kritik. Anstatt direkt zu sagen „Das war falsch", versuche:

* „Ich sehe, du hast es anders versucht – wie können wir es zusammen noch verbessern?

4. Die „Ruhe-Insel" für hochsensible Kinder

◆ Erschaffe einen Rückzugsort zu Hause: Ein kleines Zelt, eine Ecke mit Kissen oder ein „Ruhe-Nest", wo dein Kind sich in stressigen Momenten zurückziehen kann.

5. Die „Was braucht meine Seele?"-Frage

◆ Wenn dein Kind überreizt ist, frage es nicht „Was ist los?", sondern:

◆ „Was braucht deine Seele gerade?" – so lernt es, sich selbst wahrzunehmen und Bedürfnisse auszudrücken.

6.5 Hochsensible Kinder als Geschenk sehen – Stärken erkennen und fördern Hochsensibilität ist keine Schwäche, sondern eine besondere Gabe

Hochsensible Kinder:

✔ Sind oft kreativ und empathisch – sie spüren, was andere brauchen.

✔ Haben eine tiefe Fantasie und Vorstellungskraft.

✔ Besitzen eine starke Verbindung zur Natur und Umwelt.

✔ Entwickeln oft eine hohe soziale Verantwortung und Gerechtigkeitssinn.

Eltern sollten nicht versuchen, Hochsensibilität „wegzuerziehen", sondern sie als einzigartige Stärke fördern.

💡 Tipp: Erzähle deinem Kind von bekannten Persönlichkeiten, die hochsensibel sind oder waren (z. B. Albert Einstein, Marie Curie, Leonardo da Vinci), um zu zeigen, dass Sensibilität eine große Stärke ist.

💡 Fazit: Hochsensible Kinder brauchen eine liebevolle, verständnisvolle Begleitung, um ihre besonderen Stärken zu entfalten. Mit den richtigen Strategien können sie lernen, ihre Emotionen gesund zu regulieren – ohne sich selbst zu verlieren.

6.6 Warum reagieren hochsensible Kinder so intensiv? (Neurobiologie & Forschung)

Hochsensibilität ist nicht nur eine Charaktereigenschaft –

sie hat eine biologische Grundlage.

Studien zeigen, dass hochsensible Menschen eine höhere Aktivität in bestimmten Gehirnregionen haben, insbesondere in Bereichen, die für Empathie, Reizverarbeitung und Reflexion zuständig sind.

Wissenschaftliche Erkenntnisse zur Hochsensibilität:

1. Tiefere Verarbeitung von Reizen:

Hochsensible Kinder nehmen mehr Details wahr – sowohl visuell als auch emotional. Ihr Gehirn verarbeitet Reize intensiver, was bedeutet, dass sie länger brauchen, um Informationen zu verarbeiten und sich anzupassen.

2. Erhöhte Aktivität in der Inselrinde & Amygdala:

Die Inselrinde ist der Gehirnbereich, der Emotionen, Körperempfindungen und soziale Signale interpretiert. Bei hochsensiblen Menschen ist er besonders aktiv, weshalb sie sich so stark in andere hineinfühlen.

Die Amygdala, die für emotionale Reaktionen wie Angst und Stress zuständig ist, zeigt verstärkte Aktivität, was erklärt, warum hochsensible Kinder auf bestimmte Situationen stärker reagieren.

3. Geringere „Reizfilterung":

Bei den meisten Menschen filtert das Gehirn automatisch unwichtige Reize aus – bei Hochsensiblen funktioniert dieser Filter schwächer. Deshalb kann ein Raum voller Menschen für sie extrem anstrengend sein.

4. Höhere Spiegelneuronen-Aktivität:

Spiegelneuronen helfen uns, Emotionen anderer nachzuempfinden. Hochsensible Kinder haben hier eine verstärkte Reaktion, weshalb sie besonders empathisch sind – aber auch schneller überfordert.

💡 Was bedeutet das für Eltern?

• Dein Kind kann sich nicht einfach „zusammenreißen" – es verarbeitet einfach MEHR als andere.

• Du kannst dein Kind unterstützen, indem du ihm Zeit gibst, Eindrücke zu verarbeiten, anstatt es sofort zu neuen Aufgaben oder Gesprächen zu drängen.

6.7 Versteckte Herausforderungen hochsensibler Kinder

Was oft übersehen wird Viele Eltern nehmen die klassischen Zeichen der Hochsensibilität wahr, aber einige weniger offensichtliche Herausforderungen werden oft übersehen.

1. Hochsensible Kinder können „Overperformer" sein

• Sie versuchen oft, perfekt zu sein, um nicht kritisiert zu werden.

• Sie neigen dazu, sich übermäßig anzupassen und ihre eigenen Bedürfnisse zurückzustellen.

2. Überforderung durch zu viele Erwartungen

• Hochsensible Kinder spüren Erwartungen intensiver als andere.

• Sie wollen niemanden enttäuschen – und setzen sich selbst stark unter Druck.

3. Hochsensibilität wird oft mit ADHS verwechselt

• Beide Kindergruppen haben eine intensive Wahrnehmung der Umwelt – aber ADHS-Kinder haben meist eine stärkere Impulsivität, während hochsensible Kinder eher nach innen gehen.

4. Schwierigkeiten, sich abzugrenzen

• Hochsensible Kinder nehmen Stimmungen anderer so stark wahr, dass sie sich selbst „verlieren" können.

• Sie fühlen sich schnell für das Wohlbefinden anderer ver-
antwortlich.

> 💡 Tipp: Übe mit deinem Kind, bewusst „seine eigene
> Grenze" zu setzen. Frage: „Ist das dein Gefühl – oder das von
> jemand anderem?"

Kapitel 7: Reizüberflutung, Schlafprobleme und Ängste bei Kindern – Altersgerechte Strategien für Eltern

Jedes Kind ist einzigartig – Und das ist genau richtig so

Vielleicht hast du es auch schon einmal gedacht: Warum schläft mein Kind mit sechs Jahren immer noch nicht durch, während andere schon mit einem Jahr ganze Nächte durchschlafen?

Warum ist mein Kind nach einem Kindergartentag völlig erschöpft, während andere noch voller Energie toben?

Warum bekommt mein Kind Wutanfälle, wenn etwas nicht nach Plan läuft, während andere gelassen bleiben?

Warum hat mein Kind Angst vor Monstern, während seine Freunde darüber lachen?

Und vielleicht, wenn du ehrlich bist, hast du dich insgeheim auch mal gefragt: Habe ich etwas falsch gemacht? Warum ist mein Kind nicht „einfacher"?

Lass mich dir eine Wahrheit sagen, die viel zu selten ausgesprochen wird:

Du hast nichts falsch gemacht. Dein Kind ist genau so, wie es sein soll.

Eltern vergleichen. Das ist normal. Wir sehen andere Kinder, die Dinge scheinbar müheloser bewältigen, und es nagt an uns.

Doch die Wahrheit ist: Jedes Kind ist einzigartig – und jedes Kind hat sein eigenes Tempo.

Ein Kind kann sechs Jahre lang jede Nacht aufwachen und sich dennoch prächtig entwickeln.

Ein Kind kann Angst vor Gespenstern haben, während andere unerschrocken durch dunkle Räume laufen – und trotzdem mutig sein.

Ein Kind kann nach einem langen Tag reizüberflutet sein und Wutausbrüche haben, während ein anderes scheinbar mühelos mit lauter Umgebung zurechtkommt – und trotzdem in seiner Welt vollkommen in Ordnung sein.

Es gibt kein Schema, kein „so muss ein Kind sein". Es gibt nur individuelle kleine Menschen, die sich auf ihre ganz eigene Weise entwickeln. Und genau hier beginnt unsere Aufgabe als Eltern: Nicht zu ändern, sondern zu begleiten.

Manche Dinge muss man nicht lösen – Man muss sie nur gemeinsam durchstehen Nicht jede Herausforderung erfordert eine „Lösung". Manchmal geht es nicht darum, dass wir etwas „besser" machen müssen. Manchmal geht es einfach nur darum, dass wir da sind. Dass wir aushalten. Dass wir begleiten.

Ein Kind, das nachts immer wieder wach wird, braucht keine „Schlaftraining-Methode" – es braucht Sicherheit.

Ein Kind, das von vielen Eindrücken überfordert ist, braucht keine „Abhärtung" – es braucht Verständnis.

Ein Kind, das Wutanfälle bekommt, braucht keine Strafe – es braucht eine liebevolle Begleitung, um mit seinen Emotionen umzugehen.

Es geht nicht darum, unser Kind zu „korrigieren". Es geht darum, ihm beizubringen, dass seine Gefühle in Ordnung sind – und dass es lernen kann, damit umzugehen.

Selbstregulation braucht Zeit – und Vorbilder

Kinder lernen am meisten durch das, was wir ihnen vorleben. Wenn wir geduldig bleiben, wenn wir ruhig atmen, wenn wir Gefühle benennen, dann lernen sie genau das.

Das bedeutet nicht, dass wir perfekt sein müssen. Es bedeutet nur, dass wir uns bewusst machen dürfen: Unsere eigene Gelassenheit überträgt sich auf unser Kind. Unser Umgang mit Stress prägt ihren Umgang mit Stress.

Unsere Haltung zu Fehlern formt ihre Selbstakzeptanz. Deshalb dürfen wir uns auch selbst einmal sagen: Ich muss nicht alles sofort perfekt machen. Ich bin für mein Kind da – und das reicht.

Es wird besser!

Jedes Kind hat seinen eigenen Rhythmus – und das ist gut so Vielleicht fühlt es sich heute schwer an. Vielleicht ist dein Kind gerade in einer Phase, in der es besonders herausfordernd ist. Vielleicht kostet es dich Kraft, Geduld und manchmal auch Tränen. Aber eines ist sicher: Dein Kind ist auf dem richtigen Weg. Es entwickelt sich genau in seinem Tempo.

Es lernt genau die Dinge, die es jetzt braucht. Und es hat dich – als sicheren Hafen, als Vorbild, als Begleiter.

Also atme tief durch. Lass den Vergleich los. Und erinnere dich daran: Jedes Kind ist einzigartig – und das ist genau richtig so.

7.1 Was ist Reizüberflutung? (Neurobiologische Grundlagen)

Das sich entwickelnde Gehirn:

• Die Reizverarbeitung im Gehirn ist bei Babys und Kleinkindern noch unreif, weshalb sie sich weniger gut abschirmen können.

• Der präfrontale Kortex, der für Selbstregulation zuständig ist, reift erst bis zum jungen Erwachsenenalter aus.

• Hochsensible Kinder haben oft eine höhere Aktivität in der Amygdala, was ihre Empfänglichkeit für Reize verstärkt.

Warum ist Reizüberflutung heute ein größeres Problem als früher?

✔ Dauerhafte mediale Stimulation: Kinder sind oft schon ab dem Kleinkindalter digitalen Medien ausgesetzt, was die natürliche Reizverarbeitung beeinflusst.

✔ Schnelllebigkeit des Alltags: Hektische Tagesabläufe, viele Freizeitaktivitäten und wenig Ruhezeiten lassen kaum Raum für Entlastung.

✔ Ständig verfügbare soziale Interaktion: Kinder stehen durch digitale Kommunikation unter Dauerstress und haben kaum Zeit für Rückzug.

Reizüberflutung entsteht, wenn das Gehirn mehr Informationen aufnimmt, als es verarbeiten kann. Kinder haben – je nach Alter – unterschiedliche Kapazitäten zur Reizverarbeitung.

7.2 Altersabhängige Reaktionen auf Reizüberflutung & Schlafprobleme

Alter	Typische Anzeichen	Was hilft?
0–3 Jahre (Säuglinge & Kleinkinder)	Häufiges Schreien, Probleme beim Einschlafen, Empfindlichkeit gegenüber Licht, Geräuschen oder Berührungen	Reizreduktion, feste Rituale, weniger visuelle & auditive Reize vor dem Schlafen
3–6 Jahre (Kindergartenalter)	Erhöhte Wutausbrüche, Überdrehtheit am Abend, Albträume oder Ängste vor Dunkelheit	Feste Pausen ohne Reize, emotionale Sicherheit schaffen, Schlafhygiene verbessern
6–12 Jahre (Grundschulalter)	Schwierigkeiten, nach der Schule „abzuschalten", Konzentrationsprobleme, erhöhte Reizbarkeit, verzögerte Einschlafzeit	Nachmittags „Offline-Zeiten" einplanen, aktive Bewegung, Schlafrituale mit beruhigenden Geschichten oder Atemübungen
12–18 Jahre (Jugendalter)	Chronische Müdigkeit, Rückzug und Überforderung bei sozialen Interaktionen	Medienkonsum begrenzen, Zeiten der Ruhe einbauen, Reflexionsgespräche

130

7.3 Wie Schlafprobleme mit Reizüberflutung zusammenhängen

Schlaf ist für Kinder essenziell – aber warum genau?

• Während des Schlafs werden Emotionen verarbeitet und Nervenzellen regeneriert.

• Kinder mit Schlafmangel haben eine erhöhte Reizbarkeit und Stressanfälligkeit.

Was passiert bei chronischem Schlafmangel?

✘ Höhere Aktivität der Amygdala → Kinder sind schneller überfordert

✘ Verminderte Gedächtnisleistung → Schwierigkeiten in der Schule

✘ Geringere Impulskontrolle → Mehr Wutanfälle und emotionale Ausbrüche

Was Eltern konkret tun können:

✔ Tägliche feste Schlafenszeiten einhalten – auch am Wochenende sollte der Unterschied nicht mehr als eine Stunde betragen.

✔ Einschlafrituale verstärken – sanfte Musik, Vorlesen oder ruhige Atemübungen helfen, das Nervensystem herunterzufahren.

✔ Blaulicht reduzieren – Bildschirmzeit vor dem Schlafen hemmt die Produktion von.

7.4 Ängste bei Kindern

Kinder durchlaufen altersabhängige Ängste, die sich mit der Zeit verändern:

Alter	Ängste
0–3 Jahre	Trennungsangst, Angst vor lauten Geräuschen
3–6 Jahre	Angst vor Monstern, Dunkelheit, Verlassenwerden, Angst vor Fremden, neuen Situationen
6–12 Jahre	Angst vor Versagen in der Schule, Soziale Ängste, Angst vor Krankheit oder Tod
12–18 Jahre	Leistungsdruck, Zukunftsängste, Soziale Unsicherheiten, Angst vor Ablehnung

Wie Eltern unterstützen können:

✔ Ängste nicht bagatellisieren: „Das ist doch nicht schlimm!" hilft nicht – stattdessen: „Ich sehe, dass dich das beunruhigt. Was würde dir helfen?"

✔ Angst in Worte fassen lassen: „Welche Form hätte deine Angst? Welche Farbe?" – Kreativität hilft bei der Verarbeitung.

✔ Ängste normalisieren: Erzählen, dass Ängste Teil der Entwicklung sind („Auch Erwachsene haben manchmal Angst").

✔ Selbstregulation üben: Atemtechniken, Bewegung, beruhigende Routinen einführen.

7.5 Praktische Übungen zur Selbstregulation

Übung 1. „Der Gedanken-Fänger"

Ziel	Alter	Dauer	Material
Ängste und Sorgen sichtbar machen	ab 4 Jahren	5 Minuten	Glas, Papier, Stift

Anleitung:

1. Ein Glas mit bunten Zetteln füllen.

2. Jedes Mal, wenn eine Angst auftaucht, schreibt das Kind sie auf einen Zettel und legt sie ihn ins Glas.

3. Gemeinsam überlegen: „Kann diese Angst wieder raus?" – So lernt das Kind, seine Sorgen aktiv loszulassen.

Übung 2. „Die Reiz-Filter-Brille"

Ziel	Alter	Dauer	Material
Reizüberflutung bewusst reduzieren	ab 6 Jahren	10 Minuten	keines

Anleitung:

1. Dein Kind stellt sich vor, es hat eine unsichtbare Brille auf.
2. Die Brille kann „laute Geräusche leiser machen", „grelles Licht dimmen" usw.
3. Diese Methode hilft hochsensiblen Kindern, sich besser abzugrenzen.

Übung 3. „Der Einschlaf-Zauberspruch"

Ziel	Alter	Dauer	Mate-rial
Ein positives Ritual zur Schlafvorbereitung schaffen	ab 3 Jahren	5 Minuten	keines

Anleitung:

1. Eltern und Kind entwickeln einen eigenen Spruch: „Ich bin sicher. Mein Bett ist gemütlich. Meine Träume sind sanft."
2. Jeden Abend vor dem Schlafen gemeinsam aufsagen.

Fazit: Reizüberflutung, Schlafprobleme und Ängste sanft begleiten

Kinder haben heute eine größere Menge an Reizen zu verarbeiten als jemals zuvor. Schlafprobleme und Ängste sind oft die Folge. Doch mit den richtigen Strategien können Eltern ihre Kinder unterstützen, um in einer lauten Welt Ruhe und Sicherheit zu finden.

Wichtig:

• Reizüberflutung nicht unterschätzen – bewusste Pausen im Alltag helfen.

• Schlafrituale einhalten, um dem Gehirn die nötige Erholung zu geben.

• Ängste nicht abtun, sondern mit dem Kind gemeinsam regulieren. Mit diesen Werkzeugen können Kinder langfristig lernen, ihre Emotionen gesund zu verarbeiten und selbstbewusst durchs Leben zu gehen.

Kapitel 8: ADHS und Selbstregulation – Strategien für Kinder und Eltern ADHS (Aufmerksamkeitsdefizit-Hyperaktivitätsstörung)

ADHS – Mehr als nur Unruhe: Warum dein Kind ein kleiner Wirbelwind mit großem Potenzial ist

Du bist auf dem Spielplatz. Überall lachen Kinder, spielen im Sand, schaukeln, klettern. Einige toben wild, andere sitzen ruhig in einer Ecke und bauen konzentriert an einem Sandturm. Und dann ist da dein Kind. Dein Kind, das immer in Bewegung ist, von einem Spielgerät zum nächsten rennt, nie lange bei einer Sache bleibt.

Oder vielleicht ist dein Kind nicht das, das unermüdlich herumtobt, sondern das, das immer direkt bei dir ist, dich an der Hand zieht: „Mama, spiel mit mir!", „Papa, schau mal!", „Kannst du mich hochheben?" Andere Eltern sitzen entspannt auf den Bänken, unterhalten sich, genießen einen Moment der Ruhe. Doch du? Du sitzt nie. Denn sobald du versuchst, kurz durchzuatmen, ist dein Kind wieder da – mit neuen Fragen, mit neuen Wünschen, mit einer Energie, die unerschöpflich scheint. Und dann kommen diese Gedanken: Warum kann mein Kind nicht einfach mal alleine spielen? Warum ist es immer so laut, so impulsiv?

Warum scheint es so viel mehr Aufmerksamkeit zu brauchen als andere Kinder?

> Lass mich dir etwas sagen: Dein Kind ist genau richtig, so wie es ist. ADHS ist kein Fehler – Es ist eine besondere Art, die Welt zu erleben

Eltern von Kindern mit ADHS haben oft das Gefühl, dass ihr Kind „anders" ist. Dass es mehr fordert, dass es sich schwerer anpasst, dass es nicht so „funktioniert", wie die Gesellschaft es erwartet.

Doch das liegt nicht daran, dass dein Kind „falsch" ist – sondern daran, dass unsere Welt nicht für Kinder gemacht ist, die so viel Energie, so viele Gedanken und so viel Lebendigkeit in sich tragen.

ADHS-Kinder haben ein Gehirn, das schnell arbeitet, aber sich schwer damit tut, sich zu bremsen. Sie denken schnell, handeln schnell, reagieren intensiv – und genau das macht sie oft auch besonders **kreativ, ideenreich und begeisterungsfähig.**

Doch ja, es gibt Momente, die herausfordernd sind. Momente, in denen dein Kind völlig ausrastet, weil eine Kleinigkeit nicht funktioniert. Momente, in denen es unmöglich scheint, eine Aufgabe zu Ende zu bringen. Momente, in denen du als Elternteil einfach nur müde bist, weil es sich anfühlt, als müsstest du dein Kind rund um die Uhr lenken, trösten, bremsen oder antreiben.

Das ist anstrengend. Und das darfst du auch so empfinden. Aber weißt du was? Es bedeutet nicht, dass du etwas falsch machst.

Dein Kind braucht keine Strafen – Es braucht deine Führung

Kinder mit ADHS haben oft Probleme mit der Selbstregulation. Sie handeln, bevor sie nachdenken. Sie werden schneller wütend. Sie sind ungeduldig.

In diesen Momenten kommt oft der Reflex, zu sagen: „Warum kannst du nicht einfach mal still sein?" oder „Jetzt reiß dich doch mal zusammen!"

Doch hier liegt der Schlüssel:

ADHS-Kinder können sich nicht einfach „zusammenreißen". Ihr Gehirn funktioniert anders. Sie brauchen dich als Orientierung – nicht als Richter, sondern als Vorbild.

Stell dir eine Situation vor: Dein Kind baut einen Turm aus Bauklötzen. Es ist voller Freude, konzentriert, begeistert. Doch dann – ein unachtsamer Moment, ein falscher Handgriff – und der Turm fällt um.

Plötzlich explodiert dein Kind in Wut. Die Bauklötze werden durch den Raum geworfen. Es schreit, trampelt, wirft sich vielleicht sogar auf den Boden.

Du hast jetzt zwei Möglichkeiten:

Möglichkeit 1:

„Jetzt hör sofort auf damit! Es ist doch nur ein Turm! So ein Theater!"

Du bleibst ruhig. Atmest tief durch. Setzt dich zu deinem Kind und sagst: „Wow, das war bestimmt frustrierend. Du hast dir so viel Mühe gegeben – und dann fällt alles um. Ich verstehe dich. Wollen wir zusammen überlegen, was du anders machen kannst, damit es stabiler wird?"

Was glaubst du, welche Reaktion deinem Kind hilft, langfristig mit Frust umzugehen?

> **ADHS-Kinder brauchen Selbstregulation – aber sie lernen es nicht durch Zwang!**

Viele Eltern fragen sich: Wie kann ich meinem Kind beibringen, sich besser zu regulieren?

Die Antwort ist: durch Vorleben, durch Struktur, durch Geduld – aber niemals durch Strafen.

🔨 Strafen lehren nichts – sie bremsen nur kurzfristig

Wenn ein Kind mit ADHS für sein Verhalten bestraft wird, lernt es nicht, sich zu regulieren. Es lernt nur, dass es „falsch" ist. Dass seine Emotionen unerwünscht sind. Dass es sich nur Liebe und Anerkennung verdient, wenn es „funktioniert".

🔨 Stattdessen: Emotionen begleiten

✔ Wenn dein Kind impulsiv wird, hilf ihm, seine Emotionen in Worte zu fassen: „Ich sehe, dass du wütend bist. Das ist okay. Aber lass uns überlegen, wie du mit der Wut umgehen kannst."

✔ Wenn dein Kind ungeduldig ist, nutze die Ampel-Methode:

◉ Stopp – Tief durchatmen

◎ Überlegen – Was wäre eine gute Reaktion?

◉ Handeln – Eine bewusste Entscheidung treffen

✔ Wenn dein Kind nicht stillsitzen kann, gib ihm Bewegungs-pausen, statt es zu zwingen, ruhig zu bleiben.

ADHS-Kinder haben ein unglaubliches Potenzial

Ja, es gibt Herausforderungen. Aber weißt du, was ADHS-Kinder noch haben?

💡 Einen enormen Ideenreichtum – Sie denken oft um die Ecke, finden kreative Lösungen.

💡 Begeisterung – Wenn sie etwas interessiert, sind sie mit voller Leidenschaft dabei.

💡 Spontanität und Lebensfreude – Sie lassen sich von kleinen Dingen begeistern und sind voller Energie.

💡 Ein starkes Gerechtigkeitsempfinden – Sie spüren sehr genau, was fair ist und setzen sich für andere ein.

Diese Eigenschaften sind wertvoll. Sie sind nicht das Problem – sie sind die Superkräfte deines Kindes.

Dein Kind ist genau richtig – und du auch

Vielleicht hattest du Tage, an denen du dich gefragt hast, ob du alles „richtig" machst. Vielleicht hattest du Momente, in denen du dir gewünscht hast, dass dein Kind „einfach mal normal" wäre. Vielleicht hast du Blicke von anderen Eltern gespürt, wenn dein Kind auf dem Spielplatz lauter, wilder, ungeduldiger war als andere.

Und weißt du was? Es ist okay, so zu fühlen. Aber dein Kind ist kein Problem, das gelöst werden muss.

Es ist ein Kind, das dich als Begleiter braucht. Ein Kind, das mit deiner Hilfe lernen kann, wie es sich selbst reguliert.

Ein Kind, das sich mit deiner Geduld zu einem selbstbewussten, glücklichen Erwachsenen entwickeln wird.

Ein Kind, das vielleicht manchmal anstrengend ist – aber das auch voller Wunder steckt.

> ADHS ist keine Schwäche. Es ist ein einzigartiger Weg, die Welt zu erleben.

Und mit den richtigen Strategien kann dein Kind lernen, das Beste aus dieser Gabe zu machen.

8.1 ADHS und Selbstregulation – Warum ist das Thema so wichtig?

Selbstregulation umfasst die Fähigkeit, Emotionen, Verhalten und Aufmerksamkeit zu steuern. Kinder mit ADHS haben hier oft Defizite, was sich in impulsiven Handlungen, schnellen Stimmungswechseln oder einer geringen Frustrationstoleranz zeigt.

🏹 Warum fällt es ADHS-Kindern schwer, sich zu regulieren?

• Die exekutiven Funktionen im Gehirn (Arbeitsgedächtnis, Impulskontrolle, kognitive Flexibilität) sind bei ADHS weniger ausgereift.

• ADHS-Kinder haben eine veränderte Dopamin-Ausschüttung, was dazu führt, dass sie sich schwer auf Aufgaben konzentrieren können, die keine unmittelbare Belohnung bringen.

• Wutausbrüche, Frustration und Stimmungsschwankungen treten bei ADHS häufiger auf, da die Amygdala (das Emotionszentrum im Gehirn) stärker reagiert.

💡 Was bedeutet das für den Alltag?

➜ ADHS-Kinder sind nicht absichtlich „laut, unruhig oder unkonzentriert". Ihr Gehirn arbeitet einfach anders.

➜ Die richtige Unterstützung kann helfen, Impulsivität zu reduzieren und emotionale Selbstkontrolle zu fördern.

8.2 Typische Herausforderungen in der Selbstregulation bei ADHS-Kindern

1. Impulsives Verhalten

• Kind platzt in Gespräche hinein

• Unterbricht ständig andere

• Handelt, bevor es nachdenkt

⚛ Strategien:

✔ Stopp-Signal einführen: Wenn das Kind unterbrechen will, kann es stattdessen eine Hand heben oder ein Symbol (z. B. eine kleine Karte) zeigen.

✔ „Erst denken, dann handeln"-Übung: Vor einer Handlung drei Sekunden innehalten („Stopp – nachdenken – dann tun").

2. Geringe Frustrationstoleranz

• Kind wird wütend, wenn etwas nicht sofort klappt

• Gibt schnell auf, wenn es scheitert

• Reagiert übermäßig emotional auf Kritik

⚛ Strategien:

✔ Fehler als Lernchance umdeuten: „Jeder macht Fehler – was können wir daraus lernen?"

✔ Emotionen in Worte fassen: „Ich sehe, dass du wütend bist. Möchtest du kurz alleine sein oder darüber sprechen?"

3. Probleme mit Aufmerksamkeit und Konzentration

• Kind beginnt eine Aufgabe, beendet sie aber nicht

• Lässt sich schnell ablenken

• Fällt schwer, längere Zeit ruhig zu sitzen

♀ Strategien:

✔ Aufgaben in kleine Schritte unterteilen: Anstatt „Schreib deine Hausaufgaben" → „Schreib die erste Aufgabe, dann mach eine Pause."

✔ Bewegungspausen einplanen: ADHS-Kinder brauchen körperliche Aktivität, um sich besser zu konzentrieren. 3. Selbstregulation im Alltag fördern – Konkrete Übungen

Übung 1. Die „Fokus-Zeit" – Konzentration trainieren

Ziel	Alter	Dauer	Material
Aufmerksamkeitsspanne gezielt erhöhen	ab 4 Jahren	variiert	Timer

Anleitung:

1. Wähle eine Aufgabe, die dein Kind erledigen soll (z. B. 10 Minuten malen).

2. Stelle einen Timer – solange dieser läuft, bleibt dein Kind bei dieser Aufgabe.

3. Nach Ablauf gibt es eine kleine Belohnung (z. B. einen Sticker oder Lob).

Diese Methode stärkt die Fähigkeit zur Selbstdisziplin und erhöht die Frustrationstoleranz.

Übung 2. Die „Eiswürfel-Challenge" – Geduld trainieren

Ziel	Alter	Dauer	Material
Impulskontrolle und Frustrationstoleranz verbessern	ab 3 Jahren	5 Minuten	Eiswürfel

Anleitung:

1. Dein Kind hält einen Eiswürfel in der Hand.

2. Die Aufgabe ist, den Eiswürfel so lange wie möglich zu halten.

3. Danach reflektieren: „Wie hast du es geschafft, durchzuhalten?" Diese Übung zeigt ADHS-Kindern, dass sie Impulse steuern können, wenn sie bewusst auf etwas fokussiert sind.

8.3 Unterstützung durch Eltern – Was hilft im Alltag wirklich?

Klare Routinen aufbauen ADHS-Kinder profitieren von feste Abläufe und klare Strukturen.

- Immer gleiche Reihenfolge beim Morgen- und Abendritual
- Klare Zeitfenster für Hausaufgaben, Spielzeit und Bewegung
- Körperliche Bewegung nutzen. Kinder mit ADHS denken besser, wenn sie sich bewegen dürfen.
- Hausaufgaben auf einem Sitzball machen
- Lernen mit Bewegung verbinden (z. B. Mathe-Aufgaben beim Hüpfen beantworten)
- Positives Verhalten gezielt verstärken. Lobe das Kind für das, was es gut macht, statt nur Fehler zu korrigieren.
- ⬭ Beispiel: „Wow, du hast deine Aufgabe 5 Minuten konzentriert gemacht – super!"
- Gehirnfreundliche Ernährung beachten Wissenschaftliche Studien zeigen, dass eine ausgewogene Ernährung mit viel Eiweiß, Omega-3-Fettsäuren und wenig Zucker die Selbstregulation bei ADHS-Kindern verbessert.

Fazit: Selbstregulation bei ADHS ist trainierbar

ADHS-Kinder brauchen besondere Strategien, um ihre Impulse zu steuern.

Sie profitieren von klaren Routinen, Bewegung und bewusster Förderung.

Mit gezielten Übungen kann ihre Selbstregulation langfristig verbessert werden.

Mit Geduld, Verständnis und den richtigen Methoden können Eltern ihre Kinder dabei unterstützen, ihre Fähigkeiten zu entwickeln – und dabei nicht nur ihre Selbstregulation, sondern auch ihr Selbstbewusstsein stärken.

Kapitel 9 – Reflexionsseiten und Bonusmaterial

Reflexion 1: Wo steht mein Kind aktuell?

Fragen zur Einschätzung der Selbstregulation deines Kindes:

Frage	Antworten	Checkliste
Wie geht mein Kind mit Herausforderungen um?	Mein Kind vermeidet neue oder schwierige Aufgaben aus Angst, zu scheitern.	☐
	Mein Kind probiert es, gibt aber schnell auf, wenn es nicht sofort klappt.	☐
	Mein Kind sucht nach neuen Wegen und bleibt dran, auch wenn es schwer ist.	☐
Wie reagiert mein Kind, wenn es warten muss?	Mein Kind wird sofort ungeduldig und verlangt Aufmerksamkeit.	☐
	Mein Kind ist anfangs unruhig, findet aber eine Beschäftigung.	☐
	Mein Kind kann sich selbst beschäftigen und geduldig warten.	☐
Wie geht mein Kind mit Kritik oder Misserfolg um?	Mein Kind wird schnell traurig oder wütend und lehnt Feedback ab.	☐
	Mein Kind nimmt Kritik an, fühlt sich aber oft verunsichert.	☐
	Mein Kind nutzt Feedback, um sich zu verbessern und sieht Fehler als Lernchance.	☐

Frage	Antworten	Checkliste
Wie geht mein Kind mit Frustration um?	Mein Kind gibt schnell auf, wenn etwas nicht sofort klappt.	☐
	Mein Kind versucht erst selbst, eine Lösung zu finden.	☐
	Mein Kind bleibt ruhig und überlegt verschiedene Wege.	☐
Wie reagiert mein Kind auf unerwartete Veränderungen?	Mein Kind wird wütend oder traurig, wenn Pläne sich ändern.	☐
	Mein Kind ist anfangs enttäuscht, kann sich aber anpassen.	☐
	Mein Kind nimmt Veränderungen gelassen hin.	☐
Wie kann mein Kind seine Gefühle ausdrücken?	Mein Kind zeigt seine Gefühle hauptsächlich durch Verhalten (Wut, Weinen).	☐
	Mein Kind kann benennen, wenn es traurig oder wütend ist.	☐
	Mein Kind kann erklären, warum es sich so fühlt und was helfen könnte.	☐
Welche Situationen bringen mein Kind aus dem Gleichgewicht?		
Welche Strategien zur Selbstregulation helfen meinem Kind bereits?		

149

Reflexion 2: Meine Rolle als Elternteil

Frage	Antworten	Checkliste
Wie gehe ich mit der Wut oder Frustration meines Kindes um?	Ich versuche sofort, die Situation zu beenden, damit es aufhört.	☐
	Ich lasse mein Kind seine Gefühle ausdrücken, fühle mich aber hilflos.	☐
	Ich bleibe ruhig und begleite mein Kind aktiv durch den Moment.	☐
Welche Strategie nutze ich, um mich selbst zu beruhigen, wenn ich gestresst bin?	Ich reagiere impulsiv und bereue es später.	☐
	Ich atme tief durch oder verlasse kurz den Raum.	☐
	Ich habe feste Techniken, die mir helfen, ruhig zu bleiben (z. B. bewusstes Denken, Selbstgespräche, Meditation).	☐
Wie oft nehme ich mir Zeit, über meine eigene Reaktion nachzudenken?	Selten – ich funktioniere einfach im Alltag.	☐
	Manchmal, aber oft vergesse ich es.	☐
	Regelmäßig – ich reflektiere, was gut lief und was ich verbessern kann.	☐
Welche Botschaft sende ich meinem Kind über den Umgang mit Gefühlen?	Gefühle sollten schnell verschwinden, damit es harmonisch bleibt.	☐
	Gefühle sind okay, aber ich weiß oft nicht, wie ich helfen soll.	☐
	Alle Emotionen sind willkommen – wir lernen gemeinsam, sie zu verstehen.	☐
Wie konsequent bin ich in meiner Erziehung?	Ich lasse mich oft von der Stimmung oder Stress beeinflussen und handle unterschiedlich.	☐
	Ich versuche, konsequent zu sein, aber es fällt mir schwer.	☐
	Ich setze klare, vorhersehbare Regeln und bleibe liebevoll konsequent.	☐

Frage	Antworten	Checkliste
Wie reagiere ich, wenn mein Kind trotzt oder einen Wutanfall hat?	Ich werde selbst wütend oder genervt.	☐
	Ich versuche, ruhig zu bleiben, fühle mich aber oft machtlos.	☐
	Ich begleite mein Kind ruhig durch den Wutanfall und helfe ihm, sich zu regulieren.	☐
Wie bewerte ich mein eigenes Stresslevel im Familienalltag?	Sehr hoch – ich bin oft angespannt und reagiere gereizt.	☐
	Mittel – es gibt stressige Momente, aber ich komme damit klar.	☐
	Gering – ich habe Wege gefunden, Stress aktiv zu reduzieren.	☐
Welche Vorbildfunktion habe ich für mein Kind in Bezug auf Selbstregulation?	Ich bemühe mich, ruhig zu bleiben, aber es klappt nicht immer.	☐
	Ich bemühe mich, ruhig zu bleiben, aber es klappt nicht immer.	☐
	Ich lebe meinem Kind vor, wie man mit Gefühlen achtsam umgeht.	☐
Was kann ich aktiv tun, um mein eigenes Verhalten weiterzuentwickeln?	Ich habe noch nie darüber nachgedacht.	☐
	Ich möchte mich mehr mit Achtsamkeit und Selbstregulation beschäftigen.	☐
	Ich setze bereits bewusst Techniken ein, um mich zu regulieren.	☐

Reflexion 3: Unser Familienalltag – Welche Veränderungen will ich umsetzen?

_____

_____

_____

_____

_____

_____

_____

_____

_____

_____

_____

_____

Welche Veränderungen möchte ich in den nächsten Wochen ausprobieren?

Wie werde ich den Fortschritt meines Kindes beobachten?

_____

_____

_____

_____

_____

_____

_____

_____

_____

_____

_____

_____

9.1 Der Gefühlstracker für Kinder

Ziel:
Kinder sollen lernen, ihre Emotionen besser wahrzunehmen und zu benennen.

So funktioniert der Gefühlstracker:

1. **Täglich eintragen, wie man sich fühlt** – z. B. durch Symbole (😊 😐 😟 😠) oder mit Worten.

2. **Was hat mein Gefühl beeinflusst?**

3. **Welche Strategie habe ich benutzt, um mich besser zu fühlen?**

Montag	Dienstag	Mittwoch	Donnerstag	Freitag	Samstag	Sontag
:)	:)	:)	:(	:)	:)	:)
Was hat mich be-einflusst?	Was hat mich be-einflusst?	Was hat mich be-einflusst?	Was hat mich be-einflusst?	Was hat mich be-einflusst?	Was hat mich be-einflusst?	Was hat mich be-einflusst?
Was hat mir gehol-fen?	Was hat mir gehol-fen?	Was hat mir gehol-fen?	Was hat mir gehol-fen?	Was hat mir gehol-fen?	Was hat mir gehol-fen?	Was hat mir gehol-fen?

157

Montag	Dienstag	Mittwoch	Donnerstag	Freitag	Samstag	Sontag

9.2 Der Medienzeit-Planer für gesunde Bildschirmzeiten

Medienzeit bewusst planen und reflektieren, statt unkontrolliert zu konsumieren.

📝 **So funktioniert der Medienzeit-Planer:**

1. **Wöchentliche Planung:** Eltern und Kind legen gemeinsam fest, wie viel Medienzeit pro Tag erlaubt ist.

2. **Tägliche Reflexion:**

• Wie lange habe ich heute Medien genutzt?

• Habe ich mich danach gut oder schlecht gefühlt?

3. **Was habe ich stattdessen gemacht?**

Fazit: Warum dieses Buch nur der Anfang ist

📌 **Selbstregulation ist keine einmalige Lektion, sondern ein Prozess.**

📌 **Mit diesen Reflexionsseiten, Trackern und Planern können Eltern und Kinder langfristig wachsen.**

📌 **Die beste Strategie? Dranbleiben – und die kleinen Fortschritte feiern! 🎉**

	Ich habe ___ Minuten Medien genutzt	Danach fühlte ich mich...	Was habe ich stattdessen gemacht?
Montag			
Dienstag			
Mittwoch			
Donnerstag			
Freitag			
Samstag			
Sonntag			

Kapitel 10: Selbstregulation und Resilienz – Wie Kinder innere Stärke entwickeln

Eltern wünschen sich nichts sehnlicher als ein Kind, das stark durchs Leben geht, Herausforderungen meistert und mit Rückschlägen umgehen kann. Doch was macht ein Kind wirklich widerstandsfähig? Warum verarbeiten manche Kinder Krisen und Enttäuschungen scheinbar mühelos, während andere lange daran zu knabbern haben?

Die Antwort liegt in einer Kombination aus **Selbstregulation und Resilienz**. Beides sind keine angeborenen Eigenschaften, sondern Fähigkeiten, die sich entwickeln und trainieren lassen – besonders mit der richtigen Unterstützung durch Eltern. In diesem Kapitel erfährst du, wie du deinem Kind helfen kannst, innere Stärke zu entwickeln, Ängste und Frustration zu bewältigen und mit einem gesunden Maß an Optimismus durchs Leben zu gehen.

10.1 Warum Selbstregulation und Resilienz zusammengehören

Resilienz bedeutet, Schwierigkeiten zu bewältigen, ohne daran zu zerbrechen. Es ist die Fähigkeit, sich nach Krisen wieder aufzurichten und gestärkt daraus hervorzugehen. Doch Resilienz beginnt nicht erst, wenn das Leben herausfordernd wird – sie wird Tag für Tag im Kleinen trainiert.

Ein Kind, das gelernt hat, seine Gefühle zu verstehen und zu steuern, wird auch in stressigen Situationen weniger überwältigt. Es wird sich seltener in Wutanfällen verlieren, weniger von Ängsten kontrolliert und kann seine Impulse gezielt lenken. **Resiliente Kinder sind nicht die, die nie fallen – sondern die, die wieder aufstehen.**

🔍 **Ein Blick ins Gehirn: Wie Resilienz und Selbstregulation miteinander verknüpft sind**

Studien zeigen, dass der präfrontale Kortex – die Region im Gehirn, die für Selbstkontrolle, Reflexion und Problemlösung zuständig ist – bei Kindern erst nach und nach reift. Gleichzeitig spielen die **Amygdala (Emotionszentrum)** und das **Belohnungssystem (Dopaminhaushalt)** eine Rolle. Kinder, die durch elterliche Begleitung lernen, ihre Emotionen zu regulieren, entwickeln langfristig eine stärkere neuronale Widerstandsfähigkeit.

> ☞ Ein Kind, das sich selbst regulieren kann, wird später mit Stress, Rückschlägen und Misserfolgen besser umgehen können.

10.2 Die fünf Säulen der Resilienz bei Kindern

Resilienz ist kein einzelner Charakterzug, sondern ein Zusammenspiel mehrerer Schutzfaktoren. Die Forschung spricht oft von fünf entscheidenden Säulen, die Kinder dabei unterstützen, mit Herausforderungen umzugehen:

1. Selbstwirksamkeit – "Ich kann das schaffen!"

Kinder, die erleben, dass sie Einfluss auf ihre Umwelt haben, entwickeln ein stabiles Selbstwertgefühl. Sie merken: *"Ich bin nicht ausgeliefert, ich kann etwas bewirken!"*

💡 Was Eltern tun können:

- Statt das Kind sofort zu retten, lieber ermutigen: *"Versuch es mal selbst, ich bin hier, falls du Hilfe brauchst."*

- Erfolge bewusst machen: *"Weißt du noch, als du dachtest, du kannst das nicht? Und jetzt kannst du es doch!"*

2. Problemlösungskompetenz – "Ich finde einen Weg!"

Resiliente Kinder können mit Schwierigkeiten kreativ umgehen und Lösungsstrategien entwickeln.

💡 Was Eltern tun können:

- Beim nächsten Konflikt nicht sofort eingreifen, sondern das Kind fragen: *"Was denkst du, könnten wir tun?"*

- Alltagsprobleme als Übungsfelder nutzen: *"Was könntest du tun, wenn dein Spielzeug kaputtgeht?"*

3. Emotionale Regulierung – "Ich verstehe meine Gefühle!"

Ein Kind, das seine Emotionen erkennt und benennt, kann sich auch besser beruhigen.

💡 Was Eltern tun können:

- Gefühle in Worte fassen: *"Du bist gerade wütend, weil es nicht so klappt, wie du willst. Ich verstehe dich."*

- Statt "Beruhige dich!" lieber *"Was brauchst du gerade, um dich besser zu fühlen?"*

4. Soziale Unterstützung – "Ich bin nicht allein!"

Stabile Beziehungen zu Eltern, Geschwistern und Freunden stärken die Widerstandskraft.

💡 Was Eltern tun können:

- Klare Signale geben: *"Egal, was passiert – du kannst immer zu mir kommen."*

- Emotionale Sicherheit vermitteln: *"Ich sehe dich, ich höre dich, du bist mir wichtig."*

5. Optimismus – "Es wird wieder besser!"

Kinder, die eine positive Grundhaltung entwickeln, können sich schneller von schwierigen Erlebnissen erholen.

💡 Was Eltern tun können:

- Statt "Das schaffst du eh nicht" lieber: *"Probiere es aus, vielleicht überrascht du dich selbst!"*

- Erfolge feiern: *"Du hast es geschafft! Wie fühlt sich das an?"*

10.3 Eltern als Fels in der Brandung – Warum du genug bist und wie du innere Stärke bewahrst

Wenn du dieses Buch bis hierhin gelesen hast, dann hast du schon unglaublich viel getan. Du hast dich informiert, du hast reflektiert, du hast dich mit Selbstregulation, Resilienz und emotionaler Entwicklung auseinandergesetzt. Und vielleicht hast du dabei auch immer wieder gedacht: *"Schaffe ich das überhaupt?"*, *"Mache ich genug?"* oder *"Warum ist es manchmal so schwer?"*

Elternsein ist eine Reise voller Höhen und Tiefen. Niemand gibt dir einen Masterplan, wie du es *richtig* machst – und doch wird oft so viel Druck aufgebaut. Expertenmeinungen, Vergleiche mit anderen Familien, Erwartungen von außen. Und dann ist da noch die eigene Unsicherheit: *Mache ich alles richtig? Bin ich gut genug für mein Kind?*

Hier kommt die wichtigste Botschaft, die dieses Kapitel dir mitgeben möchte: **Du bist genug.** Du bist bereits der Mensch, den dein Kind am meisten braucht. Und dein Kind liebt dich so, wie du bist – nicht perfekt, sondern echt.

Warum du nicht perfekt sein musst, um ein guter Elternteil zu sein

Es gibt diesen Mythos, dass *gute Eltern* immer geduldig sind, nie laut werden, jede Situation mit pädagogischer Brillanz lösen und ihr Kind immer perfekt begleiten. Doch das ist eine Illusion.

Kinder brauchen keine perfekten Eltern. Sie brauchen Menschen, die ihnen zeigen, dass das Leben aus Versuch und Irrtum besteht. Dass Fehler okay sind. Dass Emotionen zum Menschsein dazugehören.

Wenn du also das Gefühl hast, dass du an manchen Tagen zu wenig Geduld hast, dass du manchmal Dinge sagst, die du später bereust – dann heißt das nicht, dass du scheiterst. Es heißt, dass du Mensch bist.

☞ **Studien zeigen, dass es nicht darauf ankommt, dass Eltern immer *richtig* reagieren, sondern darauf, dass sie eine verlässliche, liebevolle Bindung bieten.**

Kinder brauchen kein 24/7-Pädagogikprogramm. Sie brauchen jemanden, der ihnen zeigt: "Auch wenn wir mal streiten, ich bin immer für dich da."

💡 **Ein Gedanke zum Mitnehmen:**
Dein Kind wird sich später nicht an jede perfekte Situation erinnern, die du für es geschaffen hast. Es wird sich daran erinnern, wie es sich bei dir gefühlt hat.

Warum du deine eigenen Emotionen ernst nehmen solltest

Eltern investieren so viel Energie in die Emotionen ihrer Kinder – aber wie oft nehmen sie sich selbst genauso wichtig?

Ein Kind kann nur dann lernen, mit Gefühlen umzugehen, wenn es sieht, dass auch Erwachsene sich selbst wertschätzend behandeln.

💡 **Stell dir vor:** Dein Kind hat einen Wutanfall, schreit und tobt. Du bist müde, gereizt, hast einen langen Tag hinter dir. Dein erster Impuls ist vielleicht, deine eigenen Gefühle zurückzudrängen, um dich voll auf dein Kind zu konzentrieren.

Doch was passiert, wenn du dir selbst erlaubst zu sagen:

🗣 *"Ich bin gerade selbst gestresst. Ich atme jetzt einmal tief durch, bevor ich antworte."*

👉 Dein Kind sieht: **Gefühle sind okay. Und Erwachsene dürfen sich auch regulieren.**

👉 Es lernt: **Man muss Emotionen nicht unterdrücken – aber man kann achtsam mit ihnen umgehen.**

Das bedeutet nicht, dass du dein Kind mit deinen eigenen Sorgen belasten sollst. Aber es bedeutet, dass **du dich selbst als genauso wertvoll ansehen darfst, wie du dein Kind siehst.**

Wie du als Elternteil innere Stärke bewahrst – ohne auszubrennen

Selbstregulation gilt nicht nur für Kinder – sondern auch für Eltern. Und um für dein Kind ein sicherer Hafen zu sein, musst du gut für dich selbst sorgen.

1. Erlaube dir, Pausen zu machen

Eltern sind oft in einem Dauerfunktionsmodus. Doch Kinder brauchen keine erschöpften Eltern, sondern authentische. Wenn du das Gefühl hast, dass dir alles zu viel wird, dann ist das kein Zeichen von Schwäche – sondern ein Signal, dass du auf dich achten musst.

🔖 Praktische Erinnerung:

- Finde kleine Momente im Alltag nur für dich (z. B. ein Tee am Morgen in Stille).

- Setze Grenzen: *"Ich bin gleich für dich da – ich brauche nur zwei Minuten für mich."*

2. Vergleiche dich nicht mit anderen

Eltern neigen dazu, sich mit anderen Familien zu vergleichen – besonders in der heutigen Zeit, in der Social Media das Bild von "perfekten Eltern" vermittelt. Doch das ist eine Illusion.

🔖 Erinnere dich:

- Es gibt nicht *die eine* richtige Art, Eltern zu sein.

- Dein Kind ist einzigartig – und deine Art, es zu begleiten, ist es auch.

3. Vertraue deinem Bauchgefühl

Ratgeber, Tipps und Expertenmeinungen können wertvoll sein – aber niemand kennt dein Kind so gut wie du. Wenn du das Gefühl hast, dass eine Methode nicht zu euch passt, dann höre auf dich selbst.

🔖 Eine kleine Reflexionsfrage:

Wann hast du das letzte Mal bewusst darauf vertraut, dass du genau das Richtige für dein Kind tust?

Elternsein bedeutet nicht Perfektion – es bedeutet, präsent zu sein

Am Ende des Tages zählt nicht, ob du jedes Konzept aus diesem Buch fehlerfrei umsetzt. Was zählt, ist, dass du **da bist**. Dass dein Kind weiß: *Ich bin gesehen. Ich bin verstanden. Ich bin geliebt.*

Es gibt diesen wunderschönen Satz aus der Bindungsforschung:
"Es ist nicht wichtig, dass Eltern immer alles richtig machen. Es ist wichtig, dass sie da sind und sich bemühen."

Und genau das tust du.

💡 **Drei Sätze zum Mitnehmen:**

1. **Ich bin genug – so wie ich bin.**

2. **Mein Kind braucht keine perfekten Eltern, sondern echte.**

3. **Ich darf mich selbst genauso wertschätzen, wie ich mein Kind wertschätze.**

Du machst das großartig. Und dein Kind ist genau bei der richtigen Person gelandet: Bei dir. 🩶

10.4 Resilienz fördern – Wie Eltern ihre Kinder stark machen, ohne Druck aufzubauen

Resilienz – dieses Wort klingt so groß, so bedeutungsvoll. Doch was bedeutet es eigentlich wirklich? Es bedeutet nicht, dass ein Kind immer stark sein muss. Es bedeutet nicht, dass es niemals weinen darf oder dass es sich durch jede Schwierigkeit kämpfen muss, als wäre das Leben ein ständiger Wettkampf.

Resilienz bedeutet, dass ein Kind lernt, mit Herausforderungen umzugehen, ohne daran zu zerbrechen. Dass es nicht aufgibt, wenn es scheitert. Dass es weiß: *Ich bin nicht allein. Ich schaffe das.*

Und genau hier kommst du als Elternteil ins Spiel. Du bist der wichtigste Mensch in der Welt deines Kindes. Du bist sein sicherer Hafen. Und du hast die wunderbare Möglichkeit, deinem Kind diese innere Stärke mitzugeben – aber ohne Druck, ohne Perfektionismus, ohne Angst davor, dass du vielleicht selbst nicht immer stark genug bist.

Warum Resilienz nicht bedeutet, alles alleine zu schaffen

Es gibt diesen Irrglauben, dass resiliente Menschen diejenigen sind, die sich niemals Hilfe holen. Die einfach "durchziehen", sich nicht beschweren, alles allein bewältigen.

Doch wahre Resilienz bedeutet das Gegenteil.

☞ **Resiliente Kinder wissen, dass sie nicht alles alleine bewältigen müssen.**

☞ **Sie wissen, dass es okay ist, Hilfe zu brauchen.**

☞ **Und sie wissen, dass Fehler nicht das Ende bedeuten, sondern den Anfang von Wachstum.**

Das bedeutet auch für dich als Elternteil: **Du musst nicht alles alleine schaffen.**

💡 **Stell dir vor:**

Dein Kind versucht, einen Turm aus Bauklötzen zu bauen. Er fällt immer wieder um. Dein Kind wird wütend, frustriert, möchte vielleicht aufgeben.

Es gibt jetzt zwei Möglichkeiten, wie du reagierst:

✗ **Du sagst:** "Komm, ich mache das für dich."
➡ Dein Kind hat zwar sofort eine Lösung, aber es lernt nicht, wie es selbst mit Frustration umgeht.

☑ **Du sagst:** "Ich sehe, dass dich das gerade ärgert. Was glaubst du, könnte helfen?"
➡ Dein Kind fühlt sich verstanden, bleibt aber aktiv dabei, eine Lösung zu finden.

Hier geht es nicht darum, dass dein Kind *sofort* den Turm perfekt baut. Es geht darum, dass es lernt, dranzubleiben. Dass es die Frustration aushält. Und dass es versteht: *Ich kann Lösungen finden – auch, wenn es manchmal schwer ist.*

Wie du dein Kind stark machst, ohne Druck aufzubauen

Manchmal ist es schwer, den Mittelweg zu finden: Einerseits möchten wir, dass unsere Kinder stark werden und Herausforderungen bewältigen – andererseits wollen wir sie nicht überfordern oder ihnen das Gefühl geben, sie *müssen* immer durchhalten, egal wie sie sich fühlen.

Hier sind einige Wege, wie du Resilienz sanft und ohne Druck fördern kannst:

◇ 1. Fehler als etwas Normales ansehen

Kein Kind (und kein Erwachsener) macht alles beim ersten Versuch richtig. Doch wenn Kinder lernen, dass Fehler "schlecht" sind, verlieren sie den Mut, es erneut zu versuchen.

Was du tun kannst:

- Erzähle deinem Kind von deinen eigenen Fehlern. ("Weißt du, als ich klein war, habe ich auch oft Frust gespürt, wenn etwas nicht geklappt hat.")

- Ermutige dein Kind: "Das hat diesmal nicht geklappt – aber was könnten wir anders machen?"

- Feiere nicht nur Erfolge, sondern auch den Mut, es *überhaupt* zu versuchen.

◇ 2. Emotionale Sicherheit schaffen

Ein Kind, das sich sicher fühlt, kann mutig sein. Denn Mut entsteht nicht durch Angst, sondern durch Vertrauen.

Was du tun kannst:

- Sei ein verlässlicher Rückhalt. Dein Kind sollte wissen: *Egal, was passiert, Mama oder Papa sind für mich da.*

- Reagiere auf große Gefühle mit Verständnis, nicht mit Strafen oder Beschämung.

- Bestärke dein Kind darin, über seine Gefühle zu sprechen – ohne sie zu bewerten.

◇ **3. Die richtigen Fragen stellen**

Statt deinem Kind immer Ratschläge zu geben, stelle Fragen, die es selbst ins Denken bringen.

💡 **Beispiele:**

- "Was denkst du, könnte dir jetzt helfen?"

- "Wie hast du es letztes Mal geschafft, als du in einer ähnlichen Situation warst?"

- "Gibt es etwas, das du gerade brauchst, um dich besser zu fühlen?"

Kinder, die lernen, über solche Fragen nachzudenken, entwickeln automatisch eine stärkere Selbstwirksamkeit – das bedeutet, sie vertrauen darauf, dass sie Dinge aus eigener Kraft lösen können.

◇ **4. Keine Angst vor Gefühlen haben**

Viele Erwachsene haben gelernt, unangenehme Gefühle schnell zu unterdrücken. Doch Kinder müssen lernen, dass es okay ist, traurig, wütend oder frustriert zu sein.

Was du tun kannst:

- Hilf deinem Kind, seine Emotionen zu benennen: "Bist du gerade enttäuscht, weil es nicht geklappt hat?"

- Ermutige dein Kind, seine Gefühle anzunehmen, statt sie wegzudrücken.

- Mach deutlich: **Gefühle kommen und gehen – aber sie sind nie falsch.**

Resilienz bedeutet nicht, perfekt zu sein – sondern aufzustehen, wenn man fällt

Stell dir vor, dein Kind wächst mit dem Wissen auf:

☑ **Ich darf Fehler machen.**

☑ **Ich bin wertvoll, auch wenn ich scheitere.**

☑ **Ich habe die Fähigkeit, Herausforderungen zu meistern.**

☑ **Ich muss nicht alles alleine schaffen – ich darf um Hilfe bitten.**

Wie viel leichter wäre das Leben dann?

Und jetzt kommt das Wichtigste:
Auch DU darfst das für dich selbst erkennen.

Denn Resilienz ist keine Einbahnstraße. Sie beginnt nicht nur bei deinem Kind – sie beginnt auch bei dir.

Du bist nicht nur diejenige, die Stärke vermittelt. **Du darfst selbst stark sein – und gleichzeitig auch schwach, verletzlich, menschlich.**

Das Vermächtnis der Resilienz – Was du deinem Kind wirklich mitgibst

Am Ende zählt nicht, ob dein Kind immer alles richtig macht. Oder ob es immer "resilient" handelt. Oder ob du als Elternteil immer den perfekten Weg gehst.

Am Ende zählt nur das Gefühl, das bleibt:

🤍 **Mein Kind weiß, dass es geliebt wird – egal, was passiert.**
🤍 **Es hat die innere Sicherheit, dass es Herausforderungen meistern kann.**
🤍 **Es weiß, dass es nie allein ist.**

Und genau das ist wahre Resilienz.

Nicht Perfektion. Sondern Vertrauen.
Nicht Druck. Sondern Geborgenheit.
Nicht Angst vorm Scheitern. Sondern Mut, es trotzdem zu versuchen.

Und genau das kannst du deinem Kind mitgeben – **ein Geschenk fürs Leben.**

Fazit: Resilienz ist trainierbar!

Selbstregulation und Resilienz gehen Hand in Hand.

Kinder brauchen Eltern, die ihnen zutrauen, Herausforderungen selbst zu meistern.

Durch spielerische Übungen und bewusste Begleitung kann jedes Kind innere Stärke entwickeln.

Literatur

Aron, E. N., & Aron, A. (1997). Sensory-Processing Sensitivity and Its Relation to Introversion and Emotionality. Journal of Personality and Social Psychology, 73(2), 345-368.

Acevedo, B. P., Aron, E. N., Aron, A., Sangster, M. D., Collins, N., & Brown, L. L. (2014). The Highly Sensitive Brain: An fMRI Study of Sensory Processing Sensitivity and Response to Others' Emotions. Brain and Behavior, 4(4), 580-594.

Jagiellowicz, J., Xu, X., Aron, A., Aron, E. N., Cao, G., Feng, T., & Weng, X. (2011). The trait of sensory processing sensitivity and neural responses to changes in visual scenes. Social Cognitive and Affective Neuroscience, 6(1), 38-47.

Acevedo, B. P., Aron, E. N., & Aron, A. (2018). Sensory Processing Sensitivity Predicts Individual Differences in Neural Response to Positive and Negative Social Stimuli. Frontiers in Neuroscience, 12, 18-34.

Aron, E. N. (2010). The Highly Sensitive Child: Helping Our Children Thrive When the World Overwhelms Them. HarperCollins. 6 Gallese, V. (2003). The Roots of Empathy: The Shared Manifold Hypothesis and the Neural Basis of Intersubjectivity. Psychopathology, 36(4), 171-180.

Pluess, M., & Boniwell, I. (2015). Sensory-Processing Sensitivity predicts treatment response to positive psychology interventions. Personality and Individual Differences, 82, 40-45.

Greven, C. U., Lionetti, F., Booth, C., Aron, E. N., Fox, E., Schendan, H. E., ... & Homberg, J. R. (2019). Sensory Processing Sensitivity in the context of Environmental Sensitivity: A critical review and development of research agenda. Neuroscience & Biobehavioral Reviews, 98, 287-305.

Bauer, P. J., Wiebe, S. A., Carver, L. J., Waters, J. M., & Nelson, C. A. (2006). Developments in long-term explicit memory late in the first year of life: Behavioral and electrophysiological indices. Psychological Science, 17(6), 468-474.

Giedd, J. N. (2009). The Teen Brain: Insights from Neuroimaging. Journal of Adolescent Health, 45(4), 335-343.

Aron, E. N. (2010). The Highly Sensitive Child: Helping Our Children Thrive When the World Overwhelms Them. HarperCollins.

Spitzer, M. (2012). Digitale Demenz: Wie wir uns und unsere Kinder um den Verstand bringen. Droemer Knaur.

Walker, M. P. (2017). Why We Sleep: Unlocking the Power of Sleep and Dreams. Scribner.

Beebe, D. W., Gonzalez, A., Luu, K., & Lewin, D. (2017). School start times and adolescent sleep: A review of the literature and implications for policy. Sleep Health, 3(6), 423-431.

Feld, G. B., & Born, J. (2019). Neuroendocrine mechanisms influencing memory processes during sleep. Nature Reviews Neuroscience, 20(7), 407-420.

Brisch, K. H. (2016). Bindung und kindliche Entwicklung: Grundlagen, Diagnostik und Intervention. Klett-Cotta.

Pauen, S. (2019). Wie Kinder denken lernen: Kognitive Entwicklung verständlich erklärt. C.H. Beck.

Rauh, H. (2017). Entwicklungspsychologie: Die ersten zehn Jahre im Leben. Springer.

Schore, A. N. (2015). *Attachment and the regulation of the right brain*. Routledge.

Scharf, J. M., & Trommsdorff, G. (2021). *Resilience in Childhood and Adolescence: Processes, Mechanisms, and Interventions*. Cambridge University Press.

Drechsler, R., & Steinhausen, H. C. (2013). ADHS im Schulalter: Neuropsychologische Befunde und therapeutische Interventionen. Hogrefe.

Krause, J. (2018). ADHS im Erwachsenenalter und bei Kindern: Neue diagnostische und therapeutische Strategien. Springer.

Rothenberger, A., & Banaschewski, T. (2017). Aufmerksamkeitsdefizit-/Hyperaktivitätsstörung (ADHS) bei Kindern und Jugendlichen. Schattauer.

Haag, G. (2003). Ernährung und Verhalten: Die Rolle von Omega-3-Fettsäuren und Zucker bei ADHS. Thieme.

Masten, A. S. (2014). *Ordinary Magic: Resilience in Development*. Guilford Press.

Zimmer-Gembeck, M. J., & Skinner, E. A. (2016). *The Development of Coping: Implications for Resilience and Well-Being*. Springer.